山西琉璃

山西省古建築保護研究所
柴澤俊　編著

文物出版社

整體設計　晨　舟
封面題簽　王朝瑞
攝　　影　高禮雙　柴澤俊
　　　　　李瑞芝　陳晉平
責任印製　陳　傑
責任編輯　周　成　陳　峰

圖書在版編目（CIP）數據

山西琉璃／柴澤俊編著. — 北京：文物出版社，
1990.10（2012.5重印）
　ISBN 978－7－5010－0389－1

　Ⅰ．①山… Ⅱ．①柴… Ⅲ．①琉璃－研究－山西
省－古代 Ⅳ．①K876.34

　中國版本圖書館CIP數據核字（2012）第067133號

山西琉璃

山西省古建築保護研究所
柴澤俊　編著

文　物　出　版　社　出　版　發　行
北京燕泰美術製版印刷有限責任公司印製
新　華　書　店　經　銷
787×1092mm　　1/8　　印張：29.5
1990年10月第1版　2012年5月第2版第1次印刷
ISBN 978－7－5010－0389－1　**定價：陸佰圓**

目　　録

CONTENTS

插 圖 目 録

圖　版　目　録

山西琉璃藝術發展概述

柴 澤 俊

　　古代琉璃,是我國陶瓷史上傑出成就之一,也是我國古代文化藝術的一朵奇葩。其宏偉的氣勢、斑斕的色彩、豐富的造型、精湛的技藝,無不令人贊嘆。山西的琉璃藝術,有着悠久的歷史傳統。一千五百餘年來,山西琉璃業相承不衰, 歷代都留下許多優秀作品。其分佈之廣, 匠師之多, 在全國居於首位。

　　近年來,隨着文物保護工作的深入,我們普查了山西的古代建築,較系統地調查和記錄了山西琳瑯滿目的古代琉璃藝術品。這些作品除博物館藏的出土器物外, 還有牌坊、高塔、碑碣、影壁、神像、獅子、供器以及衆多建築屋頂上的脊飾、吻獸等等。不少作品上,既刻有確切的年代,又留有匠師的姓名。歷經上千個寒暑,諸多的社會變革,能保存至今,實爲可貴。大量事實證明,山西不僅是中國古代建築的寶庫,而且是我國琉璃藝術之鄉。分析和研究這些藝術遺存, 對探討和研究我國琉璃工藝的發展史有着重要的意義。

　　琉璃業是陶瓷藝術的一個重要類別。多年來, 在陶瓷工藝史上對琉璃業的論述是很缺欠的。隨着考古發現和古建築調查保護工作的開展,我們對山西琉璃藝術的發展和成就作如下的探討和研究, 以求教於諸位方家。

一　琉璃的產生及漢代的綠釉陶

　　琉璃,是以鉛硝爲基本助熔劑,經過800—900°C(最高達1100°C)溫度燒製而成的陶胎鉛釉製品。與瓷器的溫度(1200°C以上)相比,顯係低溫。因此,琉璃亦稱之爲低溫鉛釉。它的坏胎,主要是用黏土(元代以後也有用高嶺土的)做成。它的釉面, 主要是用銅、鐵、鈷、錳、錫、鉛等幾種金屬粉末, 在氧化氣氛中成色。氧化銅可以使釉呈現綠色;氧化鐵可以使釉呈現黃色;氧化鈷可以使釉呈現藍色。在這些基本色調的基礎上,匠師們又成功地配製出了褐黃、淺黃、赭黃、深綠、淺綠、翠綠、天藍、翠藍(即孔雀藍)、棕色、醬色、紫色、黑色等多種色彩。這種低溫色釉色調豐富, 釉面光亮, 品類繁多。兩漢時期的釉陶,唐、遼時期的三彩,元代的琺華器等等都屬於這個範疇。

　　在我國陶瓷工藝發展史上, 低溫鉛釉的琉璃是一個非常重要的品類。對於低溫鉛釉技術的產生,歷來衆說紛紜。但根據考古發掘的實物證實,與鉛釉同屬於一個系統的玻璃器(料器),早在春秋戰國時期已有相當多的品類。這在河南洛陽、陝西灃西、寶鷄、岐山和山東曲阜等地西周墓葬出土器物中, 湖南、上海、河南、陝西、山西等地博物館展出的春秋戰國時期的玻璃器中已廣爲證實。晉太康二年(公元281年)出土的《穆天子傳》中載:"天子生於采石之山,於是取采石焉。天子使重緬之民, 鑄以成器於黑水之上。"[1]實物與記載相印證, 清楚地說明我國古代採取礦物製造鉛釉器或鉛玻璃的工藝是有其悠久歷史的。此外,根據考古工作者在戰國墓葬中發現的一些陶胎琉璃珠, 可以證實商周時期低溫鉛釉製品即已出現[2]。"自春秋中葉開始, 對於鑄造器物的合金性能就提出了'熔點低'和'流動性大'的要求,並採用在靑銅中增加錫的成份,或在銅錫合金中加入鉛的辦法。特別是在靑銅中增加鉛的辦法，對於液態合金流動性的提高起了主要作用。對於鉛的化合物的認識，也至遲在戰國時期就已經掌握。"[3] 在此基礎上，將鉛釉燒結在陶坯表層而成爲釉陶是十分可能的。

低溫鉛釉的出現，還可能與道教中的煉丹術有關。東漢王充《論衡》中說："道人銷爍五石，作五色之玉。"又說："銷爍五石，鑄以爲器。"可見漢代道人已有爍石鑄器之法了。晉時又有琅玗華丹之徑，道藏《抱樸子·內篇》中記有丹藥物質，包括琅玗、鉛、汞、鹽、硝、石英等，幾乎全部製作鉛釉和鉛玻璃的材料都列在其內。對此，我國古時曾稱之爲"藥釉"。可見，我國鉛釉的形成與道教中的煉丹術肇於一源。這些都充分證明，低溫鉛釉（包括後來用於建築物構件上的色釉）是我國勞動人民在長期的生產實踐活動中認識其規律，逐步探索、發展和改進而創造出來的。不是某些學者所認爲的在漢代或北魏以後鉛釉技術由西方輸入後纔產生的。

我國最早有關琉璃的文字記載，是《孝經·援神契》中的"神靈滋液則琉璃鏡"。西漢桓寬，將漢昭帝時有關官營鹽鐵的辯論集成《鹽鐵論》一書，其中《力耕》篇有"……璧玉、珊瑚、瑠（琉）璃，咸爲國之寶"的記載。以後，東漢班固、班昭所撰《漢書》、《後漢書》中有關琉璃的記載漸漸多起來。其中《漢書·地理志》載："武帝使人入海市琉璃。"《後漢書·西域傳》有"（大秦）國多金銀奇寶，有夜光璧，明月珠、駭鷄犀、珊瑚、虎魄、琉璃、琅玗……"。漢代著名民歌《孔雀東南飛》（又名《焦仲卿妻》）中，也有"移我琉璃榻，出置前窗下"的描寫。可見"琉璃"一詞在漢代已常爲百姓所用。

古代琉璃，在名稱上曾一度混淆，除鉛釉陶器外，玻璃器（亦稱料器）和自然寶石，古時亦稱作琉璃。這可能是因爲我國的鉛玻璃器和釉陶器皿都是經過較低溫燒造。其原料中都有鉛的成份，工藝相近，外觀、色澤又極爲相似的緣故。但我們所說的鉛釉陶器是一種燒結在瓷坯表面的玻璃態物質，而鉛玻璃是沒有坯胎的晶體。漢代低溫鉛釉陶器的燒製成功，應該說是我國琉璃工藝的先期階段。

山西是我國琉璃的主要產地。漢代低溫釉陶器皿，晉南出土者甚多，大多爲明器。器型和工藝與陶器近同，表層鉛釉多是綠色。考古學界一般稱之爲"綠釉陶器"，簡稱"釉陶"。器型有壺、瓶、鼎、罐、倉、櫃、灶、盆、樓閣等多種日用器皿和明器。大多出土於太原、大同、長治、運城、聞喜、芮城、平陸、河津等地漢墓中。其中數量之多，以晉南（古平陽地區）爲最；藝術之精，以運城、聞喜、平陸、河津、稷山、芮城等地出土的綠釉陶樓爲最。其中運城陶樓出於侯村漢墓中。樓爲五層，下雕池塘。塘內刻魚、鴨、龜、蛇、蝌蚪等水禽動物及水紋。樓居池中，四週平臺伸出。一、三兩層有平臺，無樓檐；二層臺、檐皆備；四、五兩層設樓檐而無平臺。其中二、三兩層外圍還雕有勾欄，欄下四角斗栱挑承。每層均有門窗，樓檐上刻有瓦壠。樓內雕有正在表演的樂舞俑和雜技俑（漢代稱之爲"百戲"），墓主人坐觀其間。製作精工，釉色純正，是漢代琉璃明器中較爲別致的實例。

漢代許多綠釉器皿，由於表面受潮或鉛質的還原作用，釉面形成一層較厚的銀白色彩翳，稱爲"銀釉"。其中以聞喜縣裴柏村漢墓出土的銀釉瓶爲珍。瓶爲長頸、鼓腹。銀釉呈乳白色。

漢代低溫綠釉器皿的坯胎，多用黏土捏製而成。土，黃色帶紅，或稱紅磚色。從殘破部位觀察，土質加工略糙，斷面較粗；氣孔甚多，吸水率較強；敲擊時聲音渾濁；釉層厚度一般在0.1—0.15厘米。與瓷器比較，釉面色調不勻，有流紋現象，但色澤較爲光亮。積有彩翳的銀釉，表層多呈淡黃色或黃白色。它們的化學成份如下。

漢代綠釉胎：二氧化硅(SiO_2)65.78%，

三氧化二鋁(Al_2O_3)15.85%，

三氧化二鐵(Fe_2O_3)6.23%，

二氧化鈦(TiO_2)0.99%，

氧化鈣(CaO)1.84%，

氧化鎂(MgO)2.19%，

氧化錳(MnO)0.13%，

氧化鉀(K_2O)3.30%，

氧化鈉(Na₂O)1.60%，

氧化磷(P₂O₃)0.10%，

總量爲98.01%。吸水率爲12.6%。

漢代綠釉：二氧化硅(SiO₂)33.88%，

三氧化二鋁(Al₂O₃)6.20%，

三氧化二鐵(Fe₂O₃)2.31%，

氧化鉛(PbO)46.89%，

氧化銅(CuO)1.26%。

漢代銀釉：二氧化硅(SiO₂)31.32%，

三氧化二鋁(Al₂O₃)1.90%，

三氧化二鐵(Fe₂O₃)2.02%，

氧化鉛(PbO)60.31%[4]。

　　漢代琉璃主要用來做日用器皿和隨葬明器，但也有的鑲嵌在窗扉、壁間。晉葛洪所撰古小說集《西京雜記》中記錄了"昭陽殿窗扉，多是流離(琉璃)"，"武帝時身毒國獻白光琉璃鞍，在暗室光照十丈"。《漢武故事》中亦有"武帝起神屋，扉悉以白琉璃爲之"的記載。這些都是魏晉後人的描寫，故不能作爲依據，但這時已有綠瓦出現是確定無疑的了。漢鄒陽《酒賦》中"醪醴旣成，綠瓦斯啓"之句可以做證。這種"綠瓦"，在當時可能是一種陳設或裝飾器物，恐怕還不是指建築上的瓦件。漢代樂府民歌《鷄鳴》中的"劉王碧靑甓，後出郭門王"之句，描寫的是劉姓諸侯王用"碧靑甓(磚)"修建宮室，後來異姓諸侯王也繼起效法。其中"碧靑甓"是否就是琉璃瓦或琉璃磚，還有待研究考證[5]。

二　北朝時期的琉璃製品

　　魏晉時期，社會動蕩不安，北方生產受到嚴重影響，手工業難於發展。但是，到了北朝時期，山西地區處在北魏治下，社會相對穩定，低溫鉛釉器又繼續盛行。這可以從不少出土器物中得到證明。

　　1966年發掘的大同北魏太和八年(公元484年)司馬金龍墓，出土了大量釉陶器物。主要有男女墓俑、大陶馬、小陶馬、馱糧馬、牛、羊、豬、狗、鷄、駱駝、唾壺、器蓋等等。皆用粗紅黏土作坯胎，施綠色、黃色或醬色鉛釉。器蓋上還刻有蓮花紋。其中幾尊墓俑的裝束較爲別致：醬釉俑，面部無釉，單帽、短裳，似爲夏裝。騎馬俑，風帽、長袍，右袖口對準嘴唇，似哈氣取暖。綠釉俑，釉色深沉，面部呈藍底色，體胖面潤，風帽繫於項下，長裳圍裹週身，似置身於寒風之中。個個極富有生活氣息。此外，該墓中出土的綠釉駱駝俑，雙峰、昂首，製作十分精美。

　　1973年發掘的壽陽北齊河淸元年(公元562年)庫狄回洛墓，出土了鉛釉陶器三十餘件[6]，有尊、盤、碗、杯、盒等五種器型，皆用白色黏土作胎，坯胎較厚，有氣孔，吸水性強。釉面淡黃色，光澤晶瑩。其中蓮花寶相紋尊最爲別致。此尊坯胎厚度不勻，上薄下厚，短頸，鼓腹，傘狀蓋，遍體堆塑蓮花瓣和圓片菊花紋飾。還有祁縣韓裔墓出土的北齊天統三年(公元567年)龍柄鷄頭壺，白胎、深綠色釉。器身瘦長，頸部較高。肩部至腹部塑有凸起的覆蓮六瓣。壺柄爲一龍頭，自腹部隆起衝至壺口上沿。對面伸出鷄頭製成壺嘴。其形狀別具一格。值得注意的是，庫狄回洛墓中出土的器物中有許多件大小、形式相同，可以推斷是成批生產的。北魏綠釉陶器的紋飾多用蓮花紋，無論是刻畫的還是堆塑的，都是受佛教影響的表現。這些器物成熟的工藝、多樣的品類，標誌着北朝時期山西地區鉛釉陶器進入了興盛階段。

北朝時期,低溫鉛釉——琉璃,在使用範圍上已突破了漢代日用器皿和隨葬品的範疇,開始使用在建築屋頂裝飾方面了。這就使琉璃有了廣濶的使用範圍和更多的實用價值。北魏初自魏道武帝拓跋珪(公元371—409年)之後,在京都平城(今大同市)大興土木,營造宮殿,更燒造琉璃裝飾於建築物上。《魏書·西域傳》大月氏國條中記載:"世祖時,其國人商販京師,自云能鑄石為五色瑠璃,於是採礦山中,於京師鑄之。旣成,光澤乃美於西方來者。乃詔為行殿,容百餘人,光色映徹,觀者見之,莫不驚駭,以為神明所有。""採礦山中,於京師鑄之",無疑是採集石英、長石、高嶺土、黏土等,在魏都平城燒造。"詔為行殿",說明不是用於日用器皿或明器,而是用來裝飾殿堂建築。殿上"光色映徹,觀者見之,莫不驚駭",可見工藝之佳,令人瞠目。這是我國低溫鉛釉製品——琉璃使用於建築物上最早的文字記載。從此(公元5世紀初),人們稱建築物上的鉛釉裝飾物為琉璃,視色釉器為"釉陶"。實際上,從器皿發展到建築物上,這祇是使用範圍上的不同,或是使用範圍的擴大,在本質上是沒有甚麼差異的。《太平御覽·郡國志》云:"朔方平城,後魏穆帝治也,太極殿琉璃臺及鴟尾,悉以琉璃為之。"大同北魏古都遺址中,以前曾發現過琉璃碎片,坯胎中含有細砂,質地略糙,鉛釉呈淺綠色[7]。日本人田恭輔藏的《中國陶瓷的時代研究》一文,也刊有魏都琉璃釉陶碎片。這些都是北魏時期琉璃使用於建築物上的實物證據。不過這時琉璃用於製作建築物上的藝術構件,地域還不很廣。已知的許多北魏寺廟遺址中尚未發現琉璃遺物。到公元6世紀中葉,北齊宮殿上祇有少數黃、綠色琉璃瓦,其他則多在靑瓦上塗飾核桃油[8]。由此看來,魏齊間僅在都城皇室建築物上裝飾琉璃部件。

《魏書》中所謂"能鑄石為五色琉璃"並非虛語。北魏琉璃的釉色裝飾,在漢代單色釉的基礎上大大向前邁進了一步,出現了雙色釉和多色釉。花色品種增多,釉色瑩潤明亮。除綠色、深綠、淺綠、黃色、淡黃、褐色等單色外,有些黃地上加綠彩,白地上加綠彩,黃、綠、褐三色同時並用。這無疑為過渡到唐、遼時期三彩釉器皿奠定了基礎。

三 隋、唐時期的琉璃業

隋朝統一了南北分裂的局面,結束了幾百年的戰亂。在政治、經濟、文化等方面,都出現了短時間的好轉。陶瓷業的發展表現在重要窰址在大河南北增建起來,在藝術造型及品色方面尚無新的建樹。作為陶瓷業之一的琉璃業,在隋代仍承襲漢魏時期綠釉陶的特色,以日用器皿為主,建築物上的瓦件仍為布灰色。但值得注意的是,在京城重新試用綠色鉛釉飾件。《隋書·何稠傳》云:"稠博覽古圖,多識舊物……時中國久絕瑠璃之作,匠人無敢厝意,稠以綠瓦為之,與眞不異。"何稠是南方人,後入長安,隋開皇(公元581—600年)年間曾兼掌"細作署",營建過文獻后陵墓和遼東行殿。到唐初,何稠任"授將作少匠",是一位有才能的建築家。他試造綠瓦,與他的職業有關。這無疑是建築物頂上使用的綠色琉璃瓦。應該說,在建築物頂上使用琉璃初創於魏晉,而復試之功當屬隋代何稠。從此,後世建築屋頂上琉璃構件逐漸增多,到元、明、清而遍及各地。與此同時,為了適應宗教的發展,隋代匠師已開始用琉璃製作佛、菩薩造像。

山西省博物館陳列有隋代綠釉菩薩三軀,是近年修建南同蒲鐵路時在介休附近古寺遺址中出土的。像高0.68—0.71米,為立式。像下有仰覆蓮座。身式修長,腰部微曲,胸臂袒露,胸前佩帶瓔珞,衣飾纏腰,羅裙緊貼着下肢,飄帶自臂部垂於兩側,神態和裝束均脫離了北朝風格而向唐代過渡。坯胎為粗坩泥捏成,略呈黃紅色。全身衣飾和基座敷以綠釉,頭、手、足、髮、臂膀等袒露部份不施彩釉,仍保持着底胎本色,給人以蒼古醒目之感。這是琉璃工藝運用於雕塑藝術和燒造佛像的成功嘗試。

唐代是我國封建社會發展的鼎盛時期。政權穩固,經濟繁榮,人們安居樂業。商業與交通的迅速發展,促進了製陶業很快趨向高峰。陶瓷藝術中,最能表現盛唐氣象的莫過於釉色富麗的三彩釉陶(又稱唐三彩)。

這是唐代琉璃工藝的重要成就。其絢麗斑斕的色調，生動寫實的造型，正是盛唐安富尊榮的反映。

　　唐三彩的製作，始於唐高宗(公元650—681年)時期。以陝西富平縣李鳳(唐高祖李淵第十五子，死於高宗上元元年，公元674年)墓出土的三彩器皿爲最早[9]。唐代盛行厚葬，貴族官吏對三彩琉璃極爲喜愛，加上有明文典章規定，三彩琉璃迅速發展，至開元時達到了高峰。唐三彩的種類，主要是俑和器物，以隨葬品爲多。它的製作方法和建築上的琉璃構件相比，除坯胎土質略有粗細之分外，其餘幾乎並無差異。大多數是用白黏土作胎，用含銅、鐵、鈷、錳等元素的金屬礦物爲着色劑，經過約800—900℃的溫度燒製而成。呈單色者稱單彩或一彩，呈雙色者稱二彩，兩種以上顏色者稱三彩。山西太原、榆次、臨汾、運城、長治等地已發現的唐三彩，多是俑類(包括人物俑和動物俑)和器皿。釉色有藍、深藍、綠、深綠、淺綠、翠綠、黃、白、赭、褐等多種。所謂"五色琉璃"在唐三彩器物上得到了驚人的體現。就每一件器物來說，單色綠釉減少，黃、藍、赭、白、褐等多色釉面增多。

　　太原西郊義井唐墓出土的三彩堆花瓶、平陸唐墓中出土的三彩虎枕等，造型、釉色都極富代表性。三彩堆花瓶，長頸，鼓腹，用瀝粉勾勒成寶相花紋，表面施黃(微褐)、綠、白釉，花紋精細，光澤晶瑩。虎枕，伏臥式，足、齒皆白色，面施綠釉，黃褐色皮毛，雙目圓睜，虎視耽耽，燒造工藝頗佳。

　　唐代除製作琉璃器物外，建築物上使用琉璃作爲裝飾物的地域和範圍比以前顯著擴大。就目前所知，山西的介休、陝西的長安、河南的嵩山、東北的渤海國等地的重要建築物上皆用琉璃吻獸和瓦件。長安大明宮遺址發掘時，出土了琉璃瓦及其碎片，釉面以綠色爲多，藍色次之。同時還出土了綠釉琉璃磚，其磚表面雕刻蓮花[10]。這是唐大明宮殿堂上使用琉璃的可靠證據。唐代崔融《嵩山聖母廟碑》中有"週施瑋瑂之椽，遍覆琉璃之瓦"之句，證明嵩山聖母廟使用琉璃的龐大規模。渤海國上京宮殿上施以高大的綠色琉璃鴟尾，柱礎還鑲砌有綠色的琉璃構件，發掘後實物尚存。最近，山西介休縣洪山村出土的唐貞元十一年(公元795年)法興寺界限碑中，有"西至琉璃寺"的記載。既有琉璃寺，必有琉璃製品和裝飾部件。寺址距唐、宋間介休古瓷窯址僅3公里。附近森林茂密，又盛產煤炭和陶土，爲燒造陶瓷和琉璃提供了充足的燃材料。由此，介休燒造琉璃的歷史似可上溯到唐貞元十一年(公元795年)，而古法興寺和琉璃寺的琉璃應是在這裏燒造的。此外，據杜工部詩中"碧瓦朱甍(屋脊)照城郭"之句分析，也可推知唐時京師建築使用琉璃的情況。碑刻、文獻和已發現的實物證明，唐代我國北方的一些重要建築物已廣泛採用琉璃裝飾了。

　　唐時，山西瓷業大興，窯址逐漸增多。近來，在長治壺口、渾源古瓷窯、朔縣吳家窯等地遺址實地勘察中，曾發現琉璃碎片。其中長治、渾源兩地碎片爲白坩胎，綠釉面，釉色較淺，釉面比後世之作微薄，與渤海國唐代宮殿鴟吻近似，應是唐時燒造琉璃的遺迹。後來用於建築物上，由於構件體積大，數量多，固定窯址燒造，裝卸搬運十分困難。隨着寺廟的興建修葺，琉璃匠師與磚瓦匠師一樣，常就地捏製，就近燒造[11]。

　　遺憾的是，由於千餘年來自然界的侵襲和社會的變革，唐代建築多已不存，附設在建築上的琉璃藝術部件亦多被湮沒。希望隨着今後寺廟遺址的發掘清理，有更多的實物驗證。

　　根據中國科學院上海硅酸鹽研究所分析，唐三彩的化學組成如下：

　　　　唐三彩釉胎：二氧化硅(SiO_2)67.52%，

　　　　　　　　　　三氧化二鋁(Al_2O_3)26.56%，

　　　　　　　　　　三氧化二鐵(Fe_2O_3)0.61%，

　　　　　　　　　　二氧化鈦(TiO_2)1.39%，

　　　　　　　　　　氧化鈣(CaO)0.22%，

　　　　　　　　　　氧化鎂(MgO)0.40%，

　　　　　　　　　　氧化鉀(K_2O)2.01%，

　　　　　　　　　　氧化鈉(Na_2O)0.34%，

　　　　　　　　　　總量爲99.05%。吸水率爲15.4%。

唐三彩藍釉：三氧化二鐵（Fe_2O_3）0.99%，

氧化鉛（PbO）45.00%，

氧化鈣（CaO）0.79%，

氧化鎂（MgO）0.43%，

氧化錳（MnO）0.03%，

氧化鉀（K_2O）0.88%，

氧化鈉（Na_2O）0.22%，

氧化銅（CuO）0.38%，

氧化鈷（CoO）1.03%，

唐三彩棕黃釉：二氧化矽（SiO_2）25.07%，

三氧化二鋁（Al_2O_3）8.22%，

三氧化二鐵（Fe_2O_3）4.71%，

氧化鉛（PbO）41.46%。

五代十國爲時短暫，又是唐末地盤割據的戰亂時期，但山西琉璃業的發展仍未間斷。現存北漢天會十四年（公元970年）[12]介休《洪山寺重修佛殿記》碑中載有"椽鋪玳瑁，瓦甃琉璃"，證明當時介休洪山寺大殿上是有琉璃構件的。

四　宋、遼、金時期山西琉璃業的發展

公元916年，契丹族耶律氏建遼，先後與五代、北宋對峙二百餘年。契丹族在北方的長期統治中，接受了許多中原文化的影響，遼三彩琉璃就是在這種情況下發展起來的。山西大同（遼代平城）被做爲遼的陪都，成爲當時北方政治、經濟、文化重鎮，琉璃業迅速發展。從遼墓中出土的三彩器物，釉面較厚，色調古樸，光澤逾千年而不減。器型有瓶、罐、盤、俑等。其中大同遼墓出土的三彩瓶，色澤尤艷，瓶頸有雙柄，身施綠釉，腹部有施黃釉的瀝粉飛鳳和牡丹花紋圖案，底邊爲白色，形制古拙，十分珍貴。此外，在離大同不遠的朔縣杭芳園遼代棲靈寺遺址中，也發現過琉璃瓦殘片（圖一），是遼代建築上使用琉璃的佐證。其坩土坯胎嚴密，綠色釉面樸實，筒瓦厚3.4厘米，接縫處留有尾樺。朔縣吳家窰發現的琉璃殘片有兩種：一種爲細坩土坯胎，綠釉微薄，與附近杭芳園棲靈寺遼代寺廟遺址中出土的琉璃相仿，似爲遼代製品；另一種胎質粗糙，釉色渾厚明瑩，似爲遼、宋以後之物。

宋代琉璃器皿，雖不像唐、遼兩代的三彩那樣盛行，但也令人矚目。山西所見，有瓶、枕、罐、壺、盒等多種，或爲單彩，或爲雙彩，虎枕多爲三彩。其中1982年呂梁地區文物工作站在離石城內基建工地發現的黃、綠、白三彩蓮蓬蹲獅薰爐，造型最佳，應爲宋代琉璃器物中的珍品。爐高0.57米，三足，兩耳。足形粗壯，上隅爲吞口獸面。腹部前後各雕"龍串富貴"圖案，龍爲昇式。耳下牡丹怒放，項下纏枝花紋，纖巧細膩。爐沿寬厚，上下連珠排成兩行，其間雲朵凸起，疊層精緻。雙耳微短，耳邊也有連珠紋樣。爐口內蓮蓬式爐蓋，翹伏自如。其上束腰如蒂，以仰蓮瓣製成平臺。臺上雄獅豎起，張口吐舌，抓帶戲耍，造型殊異。爐爲紅坩土捏製，遍施黃、綠、白三彩釉，色調淡雅，釉面較薄，風格古樸。爐口內沿刻有銘文"己丑年壬申月己酉日辛時朱成造"。兩耳上端內沿，刻有"呼延"二字。

宋初呼延氏官職顯赫。《宋史》有關的列傳內有"呼延贊，并州太原人。父琮，周淄州馬步都指揮使。贊少爲驍騎卒，太祖以其材勇，補東班長，入承旨，遷驍雄軍使。……太平興國初（公元976年），太宗親選軍校，以贊爲鐵騎軍指揮使。……七年（公元982年）……擢爲馬軍副都軍頭，稍遷內員寮直都虞侯"。"端拱二年（公元989年），領富

一　朔縣杭芳園
遼棲靈寺遺
址出土筒瓦

二　晋祠聖母殿宋
製琉璃瓦背面
"尹"字押記

州刺史,俄與輔超並加都軍頭。淳化三年(公元992年),出爲保州刺史、冀州副都部署"。後"改遼州刺史,領扶州刺史,加康州團練史"。咸平二年(公元999年)爲行宫內外都巡檢。三年(公元1000年)卒。呼延贊有四子,爲必興、必改、必求、必顯。"贊卒後,擢其子必顯爲軍副都軍頭。"曲藝《呼家將》(《肉丘墳》或《金鞭記》)中有呼延丕顯(又作必顯)被龐妃之父龐文所害,全家遭難的記載。據說僅其二子呼延守用、守信逃亡在外幸存。守用之子呼延慶後來爲祭奠祖墳,大鬧京城,報冤復仇。贊子名呼延必顯,"丕顯"可能是藝人口傳之訛。離石薰爐上刻"呼延"二字,應該是匠師專爲呼延氏所造。根據爐口內沿紀年"己丑年"分析,有兩種可能:其一,宋初"己丑"年爲端拱二年(公元989年)。此時正是呼延贊"領富州刺史,俄與輔超並加都軍頭"時期,是太原一大官吏。這時擇其故鄉匠人特意燒造琉璃器物,註明姓氏以區別無名之輩,是十分可能的;其二,宋仁宗趙禎時"己丑"年爲皇祐元年(公元1049年)。此時正是呼延贊之子必顯被害後,其孫呼延慶逃亡在外,十數年後返回京城祭奠祖墳,報仇雪恨之時。爲祭祖,在故鄉燒造琉璃器皿,並於器皿上註明"呼延"二字,亦屬可能。爐上銘文末刻有"朱成造",表明旣不是寺廟的供器,也無佈施者可言。"朱成造",當爲匠師的題記。由此看來,此件薰爐應是目前我國發現的宋代惟一有匠師題記的琉璃器物。

聞喜縣博物館中,收藏有宋代三彩觀音菩薩一尊。菩薩爲坐像,髮髻隆起,頭上雕小佛一尊,寬衣博帶,胸前佩有瓔珞,雙足垂於座下,神態嫻靜,略呈笑意。用高嶺土作胎,質地略糙。表層衣飾部份施藍、翠綠及黃釉,髮髻着黑釉,手足爲白釉,面部呈白黃色。此外,還有一組綠釉馬及俑出土於聞喜宋墓。馬及俑皆紅磚色坯胎,綠釉僅施於馬鞍和俑的服飾部份,其餘部份全爲胎底本色,簡潔古樸。

宋代是我國古代建築的隆盛階段,尤其注重裝飾和色調的運用。從絢麗斑斕的琉璃構件,到整個琉璃屋頂,無論群體建築或單體建築,都力求形制美與色調的統一。這無疑大大增強了建築的藝術效果。因此,自宋代以來,在宫廷、衙署、寺廟、祠宇等大型建築上使用琉璃藝術構件似乎已成規制。宋都汴京(今開封)修建的祐國寺鐵色琉璃塔,迄今保存完好。宋人范成大《攬轡錄》和樓鑰《攻媿集》中都記載和描述了較大的建築物,屋頂上或全部覆以琉璃瓦,或用琉璃瓦與青瓦相配合,形成一種琉璃剪邊式屋頂[13]。

山西保留的宋代建築琉璃飾件不多。太原晋祠聖母殿創建於北宋天聖年間,徽宗崇寧元年(公年1102年)重修,元、明兩代亦有修葺,仍保留宋制。殿爲重檐歇山頂,殿頂琉璃大多爲明代修葺時燒造,但其中還保存有少部份宋代琉璃瓦。這些瓦的胎質釉色,均與明瓦不同。淺紅坩土作胎,瓜皮綠釉,有的表層彩翳覆蓋,已接近"銀釉"色調。胎內有粗布紋痕迹,並按有一方"尹"字押記,與宋押風格完全一致(圖二),當是宋瓦遺存。介休城內后土廟三清樓上,還保存有少量宋代元祐二年(公元1087年)創建時的筒瓦。太原南郊馬莊熙寧二年(公元1029年)創建的芳林寺大殿基址上,1973年曾揀得宋製綠釉瓦片數塊,瓦以灰、黑兩色黏土爲胎,頗似宋木理紋瓷胎。綠釉已變成"銀釉",與晉祠聖母殿無異。山西省博物館收藏有宋代海獅兩軀。獅蹲於瓦背,氣勢雄壯,身首有力。這應該是寺廟建築上的部件。灰色泥作胎,釉彩一隻爲黃色,一隻爲黃、綠兩色。其中綠釉色發白,接近"銀釉"。由此看來,宋代山西寺廟建築中使用琉璃構件者已相當普遍了(圖三)。

北宋後期,皇室命將作監少監李誡編修《營造法式》,並在崇寧二年(公元1103年)頒行列郡。它是當時宮廷建築設計、構造、用材、施工,乃至燒造磚瓦、琉璃的規範。實際上,當時的許多佛寺、道觀、祠宇、衙署等的營建,也都以此書爲標準。書中關於建築上用的琉璃燒造方法記述頗爲詳細。《營造法式·卷十五》中"琉璃瓦等"條內說:

"凡造瑠璃瓦等之制,藥以黃丹、洛河石(即石英)和銅末,用水調勻(冬月以湯),瓶瓦於背面;鴟獸之類,於安卓露明處(靑揑同),並徧澆刷,瓬瓦於仰面內中心(重脣瓬瓦仍於背上澆大頭),其線道條子瓦澆脣一壁。"

"凡含瑠璃藥所用黃丹闕炒造之制,以黑錫、盆硝等入鑊,煎一日,爲粗扇。出,候冷,擣羅作末。次日再炒,磚蓋罨,等三日炒成。"

同書《卷二十七》"窯作"條內有"造瑠璃瓦並事件"云:

"藥料每一大料,用黃丹二百四十三斤(折大料二百二十五斤;中料二百二十二斤;小料二百九斤四兩),每黃丹三斤,用銅末三兩,洛河石末一斤。

用藥每一口(鴟獸事件及條子線道之類,以用藥處通計尺寸折大料)。

大料長一尺四寸,瓬瓦七兩二錢三分六厘(長一尺六寸,瓬瓦減五分)。

中料長一尺二寸,瓬瓦六兩六錢一分六毫六絲六忽(長一尺四寸,瓬瓦減五分)。

小料長一尺,瓬瓦六兩一錢二分四厘三毫三絲二忽(長一尺二寸,瓬瓦減五分)。

藥料所用黃丹,闕用黑錫炒造。其錫,以黃丹十分加一分(即所加之數,斤以下不計);每黑錫一斤,用蜜駝僧二分九厘,硫黃八分八厘,盆硝二錢五分八厘;柴二斤一十一兩。炒成,收黃丹十分之數。"

同書《卷二十五》"窯作"條內,關於功限規定云:

"燒變琉璃瓦等,每一窯七功(合和用藥、搬裝、出窯在內)。

擣羅洛河石末,每六斤一十兩一功。

炒黑錫,每一料一十五功。"

又規定:

"打造瓶瓬瓦口,

瑠璃瓬瓦,

線道每(功)一百二十口;

壘脊每長一丈(曲脊加長二倍),

瑠璃六層……

安卓:

……瑠璃吻每一隻:

龍尾每高一尺,八分功(靑揑素白者,減一分功)。

獸頭(以高二尺五寸爲準),七分五厘功(每增減一等,各加減五厘功,減至一分止)。

套獸(以口徑一尺爲準),二分五厘功(每增減二寸,各加減六厘功)。

嬪伽(以高一尺二寸爲準),一分五厘功(每增減二寸,各加減三厘功)。

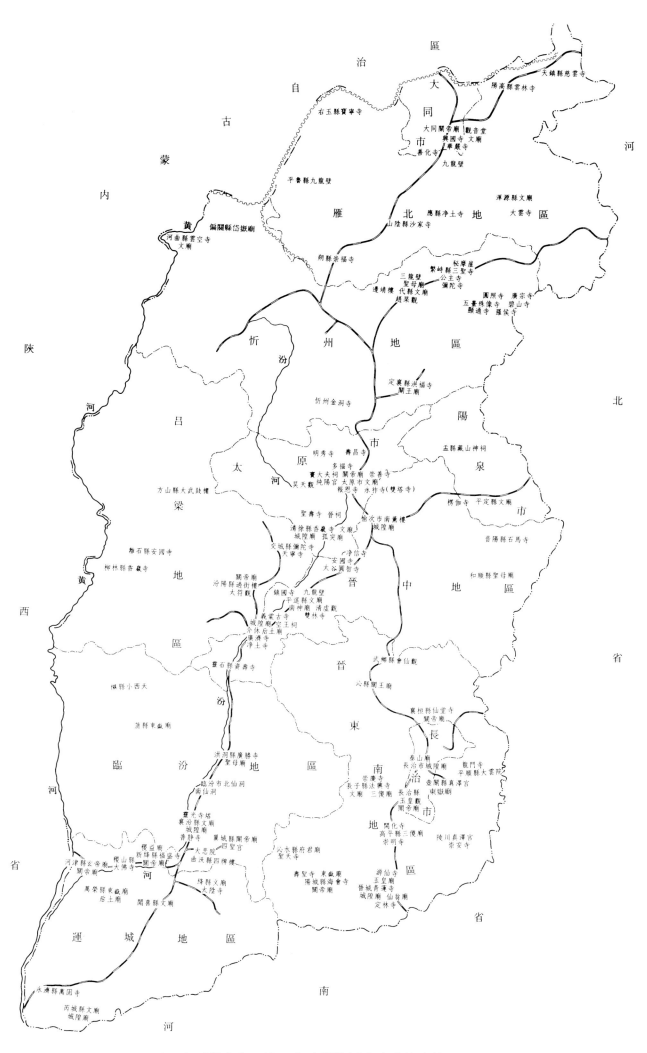

三　山西現存宋、遼、金時期施用琉璃建築分佈圖

閥閱，高五尺，一功(每增減一尺，各加減二分功)。

蹲獸(以高六寸爲準)，每(功)一十五枚(每增減二寸，各加減三枚)。

滴當子(以高八寸爲準)，每(功)三十五枚(每增減二寸，各加減五枚)。"

"功"，即指所用工作日。在我國古籍中，關於琉璃製作的記載以此最詳。從製作方法、材料加工、用料比例到安裝工時等，條理分明，毫不紊亂。可見，宋代大型建築物上使用琉璃藝術部件作爲裝飾已成規制。

《營造法式》是奉勅編修的，必然要適應皇室營建的需要，而宮廷建築使用琉璃多以黃色爲主，所以書中所列藥料以黃丹爲重要原料。事實上，除宮廷建築外，宋代建築上所用琉璃，以黃、綠兩色爲多。根據上海硅酸鹽研究所的分析結果是：

宋代綠釉胎：二氧化硅（SiO_2）64.09%，

三氧化二鋁（Al_2O_3）26.22%，

三氧化二鐵（Fe_2O_3）2.90%，

二氧化鈦（TiO_2）1.35%，

氧化鈣（CaO）0.70%，

氧化鎂（MgO）0.55%，

氧化鉀（K_2O）2.08%，

氧化鈉（Na_2O）0.35%，

總量爲98.24%，吸水率爲12.33%。

宋代綠釉：二氧化硅（SiO_2）32.26%，

三氧化二鋁（Al_2O_3）4.83%，

三氧化二鐵（Fe_2O_3）1.41%，

氧化鉛（PbO）54.84%，

氧化鈣（CaO）2.24%，

氧化鎂（MgO）0.47%，

氧化錳（MnO）大於0.01%，

氧化鉀（K_2O）0.65%，

氧化鈉（Na_2O）0.31%，

氧化銅（CuO）2.80%，

總量爲99.81%。

金代承襲宋、遼之制，琉璃業不斷發展。在山西留下的建築遺存十分珍貴。

朔縣城內崇福寺彌陀殿上金代琉璃鴟吻、垂獸、仙人、脊刹，絳縣太陰寺大雄寶殿上金代琉璃垂獸，大同市內華嚴寺大雄寶殿與薄伽敎藏殿上的金代琉璃鴟吻、垂獸和部份瓦件，高平定林寺雷音殿上的金代脊飾、吻獸，晉城玉皇廟後殿上金代琉璃獅子和脊飾"二十八宿"等，都是這一時期大型建築物上使用琉璃瓦頂或琉璃構件剪邊的實物證據。

朔縣崇福寺，創建於唐麟德二年(公元665年)，規模宏大。其中彌陀殿是我國遼、金時期的重要建築之一。殿建於金皇統三年(公元1143年)，殿頂上黃綠色琉璃剪邊，正、垂各脊，瓦條壘砌，是唐代以來建築上固有的規制。脊端琉璃鴟吻、垂獸、戧獸、背獸及脊刹、武士、溝滴、瓦件等，皆爲金皇統六年(公元1146年)的原作，保存基本完好，皆爲磚紅色坯胎，黃、綠色釉。部份綠瓦上彩翳成色，呈銀釉狀。吻高3.5米，寬3.2米，略近正方形。吞口甚大，尾部偏低，上部堆塑鱗片凸凹不平，形制較爲奇異。垂獸、戧獸、背獸不隨一般殿堂上龍獸之制，而是有首無項。首與獅頭相仿，濃眉怒目，張口欲吞。垂獸上的綠釉格外醒目。正脊中部，裝有寶刹。刹座上置方形鉢,上塑寶珠兩枚,年款及匠師姓名即留題於方鉢背面。年久鉢碎,清代改修時,將殘片填塞脊中。近年修繕覓得原有琉璃殘片,經黏合校對得題記爲"代州崞縣瑠璃術首……(缺)解府進士武□思小彪□劉九鼎□□肇□大材賈純仙□大倫故記時皇統六年(公元1146年)七月卅日□□"。刹前力士仍是金代原作(圖四)。脊刹左右,還塑有一對黃、綠、白三彩武士。武士身軀前傾,雙手拱於胸前,肌肉健美,姿態英武,衣飾飄動,舉止奔放。雖歷經八百多個寒暑, 色澤依然艷麗如故。

大同華嚴寺內有遼、金建築兩座:一爲大雄寶殿;一爲薄伽敎藏殿。大雄寶殿建於遼代淸寧八年(公元1062年),金天眷二年(公元1140年)重修。殿上正脊兩端琉璃鴟吻形體高聳,品數不一,色澤手法各異。北吻八品合成;南吻二十五品相接。北吻陳舊,吻高4.5米,吞口及尾部較長,胎質較紅,綠釉略深,鱗部釉面著金黃色,在我國古建築琉璃鴟吻中, 規模之大,以此爲冠。南吻新穎,應爲後世仿古補造的。薄伽敎藏殿,遼重熙七年(公元1038年)建,金大定二年(公元1162年)補葺。現存殿上兩隻琉璃鴟吻和垂獸,旣不象遼代的魚尾式樣,也不同於元、明以後吻獸形制,應爲大定時之物。其吻獸張口吞脊,吻尾前伸,後部塑有背獸。紅泥作胎,龍口及鰭尾施綠釉, 鱗片用金黃釉。釉面雖有剝落,但依然色澤晶瑩。垂獸不似後世龍頭模樣,而略像麒麟,無角,鬃毛前傾,背面塑有獸形吞口。造型之殊, 僅此一例。

金大定二十年(公元1180年)重建的絳縣太陰寺大雄寶殿上,保存有琉璃垂獸四隻,坯胎、釉色、形狀與朔縣崇福寺彌陀殿如出一師之手。紅胎、綠釉,僅有獸面而無頸項。後部與瓦條脊相連,無疑爲金代遺存。

繁峙巖山寺,宋時初創,金正隆三年(公元1158年)擴建。現寺內尚存當年擴修時石碑。碑陰刻有"管琉璃施主趙圓弟趙京費三百石琉璃匠劉厚□"。可惜,原有琉璃製品隨寺宇重葺皆已不存。近年勘察修繕時,僅覓得幾塊殘片而已。

位於高平縣城東南的定林寺,寺史悠久。寺初建於唐代長慶年間(公元821—824年),金皇統八年及泰和四年均有修葺。寺中雷音殿頂脊飾、吻獸均爲金泰和年間(公元1201—1209年)重修時所製。殿身深、寬各三間,單檐歇山式。殿頂脊刹略如塔式:下部吞口向背,中無龕楣雕飾,其上六角形叠澀束腰,四斜面各設力士一軀負重,上置蓮瓣覆鉢和寶珠。造型俊雅,雕工精細。刹爲白坩土坯胎,黃、綠釉彩,寶珠上施醬黑色釉。殿頂垂獸爲棕黃色麒麟, 縮首閉嘴, 瞋目怒視。體形肥腴健壯,身上鱗斑甚微。垂脊上飛馬引人矚目: 體形勁秀,急馳如飛,眼有神,耳如聞,嘴脣、鼻孔微微翹起。此馬白色細坩土作胎,胎色外露,深黃色釉僅施於鬃毛部份。其脊刹邊沿處有題記:"泰和四年(公元1204)十一月造。"此殿頂琉璃飾件, 在已知的宋、金琉璃遺物中, 實屬佳作。

宋熙寧九年(公元1076年)創建,金泰和七年(公元1207年)重修的晉城玉皇廟,重修碑陰刻有"琉璃匠元慶社李道眞"。現在廟內琉璃,金、元、明三代遺物皆存,風格截然不同。其中後大殿正脊中央的獅子、脊側的"二十八宿"仙人、後坡垂獸和前檐部份溝滴、瓦件,還是金代原作。獅座方形, 似露盤式, 側面雕有盤龍兩條,週設浮雲襯托;座上獅子昂首而立, 欲行又止, 拂菻躬身微側,用力牽拉獅子頭部, 獅後足挺拔,作欲奔狀。姿態雄猛矯健, 與五臺佛光寺文殊殿、繁峙巖山寺菩薩殿的金代獅子, 有許多相似之處。正脊上雕飾着"二十八星宿"神像, 即張鳳鹿、柳土獐、井木犴、觜火猴、昴日鷄、婁金狗、壁水貐、危月燕、女土蝠、鬥目獬、尾火虎、房日兔、亢金龍、角木蛟、氐土貉、心月狐、箕水豹、牛金牛、虛

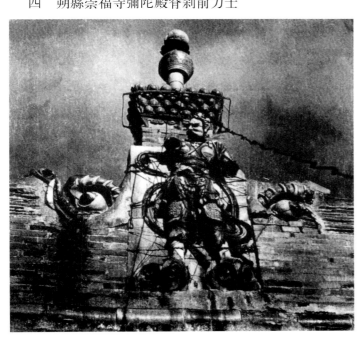

四　朔縣崇福寺彌陀殿脊刹前力士

日鼠、室火豬、奎木狼、胃土雉、畢日烏、參水猿、鬼金羊、星月馬、翼火蛇、軫水蚓。製作者分別用不同年齡、不同身份和性格的二十八個人物來表現這二十八位星君，並在他們的肩上、脚下或身側雕有其化身動物。各像脚蹬祥雲，手執法寶，面形豐潤，衣着古樸，頭部後有圓光，極像唐、宋彩塑和壁畫上的形制。像後面脊筒上線刻卷草紋樣，也是後代琉璃製品中所未見的。像均用粗坩土作胎，面部或白釉、或無釉兩種，其他多施黃、綠色釉。其中，黃釉略舊，綠釉偏淺。除後補的四尊外，均與晉祠、芳林寺、后土廟、杭芳園棲靈寺等地殘存的宋、遼瓦件極爲相似。從地理上看，高平縣與晉城是近鄰，宋、金時同屬澤州。也許這些均爲金泰和琉璃匠李道眞的作品。

五　元代琉璃業的興盛

　　元帝國統一了宋、金長期對峙的分裂局面，爲經濟的繁榮、手工業的發展奠定了基礎。在此基礎上，山西琉璃業開始進入興盛階段。品類、造型、工藝、色彩等各方面，均較前有大的發展。尤其是隨着山西寺廟建築的發展，琉璃建築幾乎遍佈全省(圖五)。目前晉北的五臺，晉中的平遙、介休、汾陽，晉南的洪洞、翼城、芮城，晉東南的潞城、晉城等地區都保存有元代琉璃，其中不少還留有製作年代和匠師姓名。

　　元初創建的芮城永樂宮，各殿瓦頂上琉璃構件，製作技術極高。其建築屋頂已逐漸用琉璃脊代替了瓦條脊，琉璃脊上有的還裝飾各種花卉圖案，使殿頂更加華麗。宮中三清殿、純陽殿、重陽殿，均建於建立大元國號前的中統三年(公元1262年)，殿頂全爲琉璃剪邊，主殿上鋪設方心。到至元三十一年(公元1294年)，建起了龍虎殿，脊飾溝滴亦爲琉璃製品。其中三清殿的兩個鴟吻，極富創造性。鴟吻高達2.8米，五品合成。紅泥作胎，施孔雀藍釉。整體爲一條巨龍曲折盤繞而成，爪尾相融，微向前伸，側面塑有龍王、雨師、流雲等。這種以龍爲主體的大型鴟吻在我國古代建築中尚屬初創，爲明、清兩代多樣形式的龍吻開了先河。正脊沒有脊剎，兩面堆塑着昇龍、降龍、丹鳳朝陽、二龍戲珠和蓮花、牡丹等花卉圖案。脊筒以綠釉作底色，龍鳳、花卉的釉色多用褐、黃、淺黃三種。四條戧脊在綠釉之上襯以金黃色牡丹，前端塑戧獸一枚，似欲飛奔。四角岔脊，雕有黃、綠仙人、押魚、海馬、獅子和坐於套獸之上的嬪伽(角神)。嬪伽，武將裝束，孔雀藍釉，瞠目張望，爲別處所不及。純陽殿、重陽殿和龍虎殿上的琉璃，與三清殿不同。正、垂各脊，皆用瓦條壘砌。純陽殿正脊雖已製成脊筒，但兩側仍是瓦條紋飾，尚存唐、宋古制。三殿大吻高度在1.9—2.1米之間，黏土作胎，黃、綠色釉。吻式前傾，尾部微向外捲，尾後插簪花一枚，也可說是明、清捲尾吻的先聲。純陽殿兩吻上隅鱗甲間，在浮雲之中雕有盤龍，一昇一降，迂迴自如。永樂宮各殿琉璃脊飾吻獸，造型、釉色全爲元初之制，可惜沒有覓得紀年和匠師題記。祇有保存較好的宮中供器琉璃香爐上留有造作年款和匠人題記，儘管年代略晚，亦可彌補其不足。爐爲三足、兩耳。足較短，上部刻有獸面。腹部圓形，雕盤龍牡丹(又稱"龍串富貴")。項下刻卷草，沿邊刻"富貴不斷頭"紋飾。兩耳直竪，高約15厘米。在已知的古代琉璃香爐中，多爲高耳，低耳者，可以此爲例。爐用粗坩土作胎，黃、綠、白三彩釉。爐沿上刻題記一週"時至正二年(公元1343年)壬午季秋中元日十方大純陽萬壽宮□□□□□□□人等置香鼎壹□□□□氏待詔任玉達"。據《永樂宮碑誌》可知，宮宇始建於定宗貴由二年(公元1247年)，順帝至正十八年(公元1358年)工程告竣，整個工期長達一百一十餘年。其間，衆多琉璃製品僅得此一則題記，或許建殿時琉璃製品皆出於任門匠師之手。

　　供器中的香爐，是元代琉璃製作中的一個重要品類。現存北京故宮博物院的山西汾陽峪道河龍天廟琉璃香爐，十分可貴。爐爲三足、兩耳。足外側刻有蟬肚紋樣，上面凸出獸面。爐身正面雕牡丹花一枝。背面兩枝，兩條行龍串於其間。項下前後塑兩個方心，方心內各雕蓮花一朵。爐沿突出，上刻富貴不斷頭紋飾。兩側爐耳上、下直衝，與明代香爐竪耳弧線向外者不同(圖六)。爐用紅黏土作胎，黃、綠色釉。兩側衝耳釉下，刻有"歲次大元國至大元年(公元1308年)四月初拾記汾陽琉璃待詔任塘成造"[14]。根據史料考證，龍天廟創建於晉，重修於元，抗日戰爭

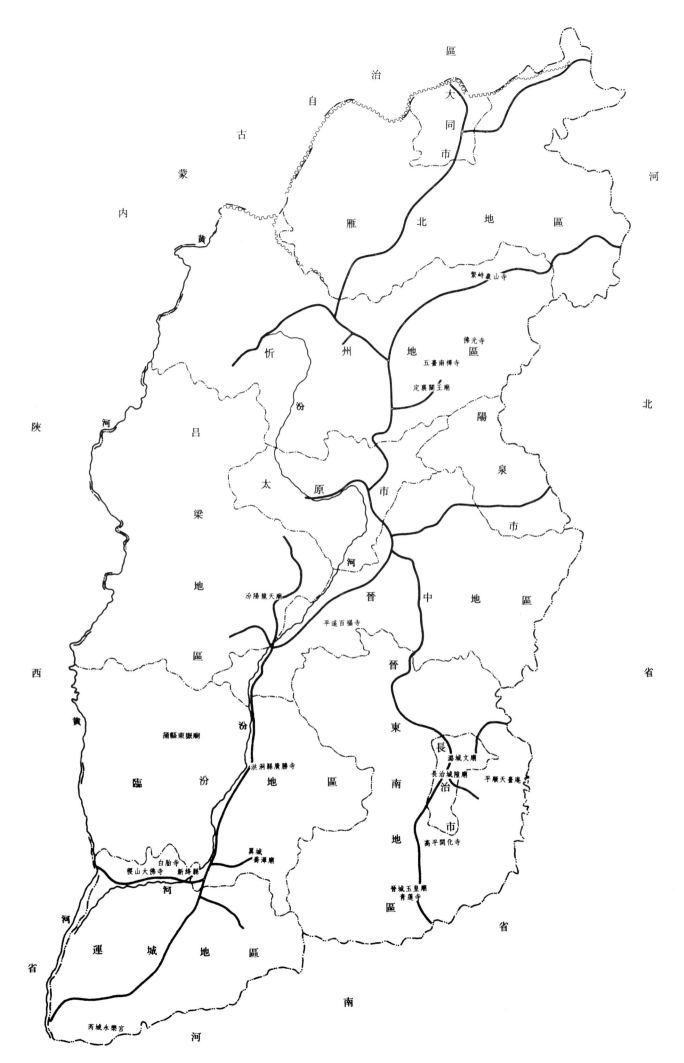

五　山西現存元代施用琉璃建築分佈圖

六　汾陽峪道河龍天廟元代琉璃香爐　　　　　七　平遙百福寺山門琉璃脊刹及題記　　　　八　潞城縣李莊文廟大成殿脊刹題記

中毀壞。毀前正殿上懸有"龍天廟"豎匾一方，爲至元二年（公元1336年）所立，匾額上有"施牌人當里四鄉□□□任塘成男任智孫男任選任達"[15]題記。

　　平遙縣東泉鎮百福寺山門上的吻獸、脊飾，也是元代有紀年的琉璃作品。正脊兩面堆塑六條行龍串於牡丹之中。正中立寶刹一軀，前後皆立牌，左右設吞口。上部塑兩軀獅子馱蓮花、寶珠。正面牌內塑合掌童子虔誠禮拜像；背面刻有年款與匠師題記（圖七），爲延祐三年（公元1316年）介休縣琉璃匠張琳及其子張祥所造。粗坩土爲胎，黃、綠、藍、白、黑五色釉。釉汁濃厚，色澤深沉。可惜十年浩劫中被毀。

　　潞城縣李莊文廟大成殿上的琉璃，是近年來新發現的元代作品。文廟建造甚早，宋、金屢有修葺。元大德七年（公元1303年）因地震而坍塌，至治元年到元統間（公元1321—1335年）重建。大成殿面寬、進深各三間，單檐歇山頂。梁架、瓦頂及每個琉璃構件都是元代遺物，保存完好。全用粗坩泥製胎，黃、綠色釉，部份綠釉彩翳較厚，已變成灰白色的銀釉了。殿上鴟吻較瘦高，高寬之比近於二比一。吻正、背兩面雕造不同：正面吞口之後，前爪下伸，上部無鱗而塑流雲圖案，一條小盤龍爬行於吻體上隅，龍頭順吻尾前伸；背面爲一滿身鱗甲的巨龍，頭下尾上，三足貼浮於吻側。山西民間鴟吻中小盤龍作吻尾者，初創於元，盛行於明、清兩代。長時期以來，祇見到明清實例，未覓得元代遺物，該殿吻形恰好彌補了這個缺陷。脊中寶刹前後亦各異，上部殘缺，僅留吞口。雕像和須彌座部份。正面吞口之間雕有人像四軀，中心兩軀分置上下。上爲觀世音菩薩（缺頭），左腿垂下，右腿收回，手腕扶於膝上。下爲一婦人裝束者，側身微傾（頭缺），飄帶纏身。左右二力士橫眉怒目，雙臂橫峙。塑像均肌肉豐潤，衣飾簡練，衣紋流暢。其造型尚存宋、金遺風。脊刹正、背面和西吻吞口內，均留有題記。其中"至治元年（公元1321年）程德厚營造廟堂至元元年（即元統三年，公元1335年）李君仁捏燒吻脊"（圖八），說明殿與琉璃製作的具體年代。大成殿正脊兩側，堆塑着八條行龍穿游於牡丹之中。黃色釉深淺不等，鉛質有的已還原，變成銀色鱗甲。其它垂脊、垂獸、戧脊、嬪伽皆爲黃、綠釉琉璃製品。其中嬪伽爲武士裝束，坐於岔脊外端，下無套獸承托，僅背部與脊瓦相連。

　　五臺佛光寺文殊殿頂上，琉璃脊刹、獅子等藝術部件，也是元代有紀年的珍貴藝術品。脊刹吞口之間塑力士一軀，頭頂貢盤，果實累累；其上置兩層須彌座和寶珠。背面力士，頭已不存，後人用石灰補塑，極其拙劣。上部束腰內留有題記，清晰可辨。垂脊之上的四個海獅，筋骨矯健，可謂珍品，均用紅黏土作胎。刹施黃、綠色釉，海獅爲深綠釉，釉汁較濃，色澤渾厚，釉上彩翳呈銀釉狀。佛光寺東大殿頂琉璃鴟吻和脊刹，無論坯胎、釉色，還是人物造型，都與文殊殿無異，同爲元代製品。此殿爲唐代大中十一年(公元857年)所建，唐代鴟吻已毀，現存鴟吻爲元代仿古補葺。鴟吻較大，十一品合成，高3.06米。鰭尾偏長，上部塑一小龍盤曲，與永樂宮純陽殿吻上盤龍多處相似。吻體釉色斑斕，光澤晶瑩，與古殿相襯尤顯蒼勁。殿頂脊中樹綠釉寶刹，以武士爲中心。武士姿態、服飾與文殊殿背面的略同。二層束腰內塑寬衣博帶菩薩立像，像爲醬黃釉。刹背下角，置頭頂貢盤力士一尊，極類文殊殿脊刹正面力士。二層束腰處又塑一小型力士。力士背負刹座，雙目圓睜，袒胸露腹，飄帶纏繞。其誇張的手法，極力負重的姿態，醬黑的釉色，可與雕塑相媲美。此殿脊刹上部的蓮瓣覆鉢、露盤和寶瓶，造型和釉色亦爲古代琉璃中的佳品(圖九、一○)。

晉城玉皇廟，元代曾三次大修和擴建。其鴟吻、垂獸和瓦件，均用坩土作胎，胎質較粗。施黃、綠色釉，綠色偏淺，間施白、褐、赭等色，光澤不減。其鴟吻吞口較大，吻身前傾。尾部魚尾分叉，還保留遼代遺風。兩側各浮雕一條小龍，形制比永樂宮純陽殿鴟吻柔麗靈活。惟垂獸爲蛟龍一條，頭尾完備，四足爬行於脊上，已改變了唐、宋時僅有獸面或獸頭的狀況。此外，在翼城喬澤廟舞亭、五臺山南禪寺、稷山大佛寺、平順天臺庵、新絳白胎寺、洪洞廣勝寺、蒲縣東嶽廟、高平開化寺、晉城青蓮寺、長治城隍廟、繁峙巖山寺、定襄關王廟等寺廟上，還有元代鴟吻殘塊或瓦件。由此可見，元代寺廟建築使用琉璃裝飾已很普遍了。

元代琉璃的製作，在原料、形制、工藝、釉色等各方面，都較前有新的發展。元以前，琉璃多用陶胎(黏土碾碎過濾後，捏製而成)。元代琉璃有用黏土(膠泥土)，亦有瓷土(坩子土)，坯胎顏色有紅磚色，也有白坩色，與瓷器坯胎比較，斷面較糙，氣孔較多。在形制上，出現了堆花脊筒，鴟吻、垂獸、仙人、武士以及龍鳳、花卉等藝術飾件，且造型較宋、金爽朗自如，不拘一格。在釉色方面，色彩的運用也較前代富麗。宋、金時期宮廷建築多用黃色，其他建築多用黃、綠二色。元代時，黃、綠、藍、白、赭、醬、褐等色同時並用，大大豐富了建築屋頂的色調，給人以富麗堂皇之感。

除各種精美的建築飾件用琉璃製作外，在唐、遼、宋時期的三彩之後，元代又出現了琺華器。這爲琉璃藝術又增加了新品種。

根據建築材料科學研究院陶瓷科學研究所測定，芮城永樂宮元代琉璃成份爲：

綠釉坯體：二氧化硅(SiO_2)65.60%，

三氧化二鋁(Al_2O_3)16.00%，

三氧化二鐵(Fe_2O_3)4.07%，

二氧化鈦(TiO_2)0.81%，

九 佛光寺東大殿脊刹正面

一○ 佛光寺東大殿脊刹背面

氧化鈣(CaO)7.93%，

氧化鎂(MgO)2.31%，

氧化鉀(K_2O)2.57%，

氧化鈉(Na_2O)1.62%，

總量爲99.61%。

抗折強度爲每平方厘米172.351公斤。

抗壓強度爲每平方厘米708.3公斤。

坯胎燒成溫度1110—1140°C。

綠釉：　二氧化硅(SiO_2)34.22%，

三氧化二鋁(Al_2O_3)4.25%，

三氧化二鐵(Fe_2O_3)0.32%，

二氧化鈦(TiO_2)0.05%，

氧化鈣(CaO)0.51%，

氧化鎂(MgO)0.08%，

氧化鉀(K_2O)1.90%，

氧化鈉(Na_2O)0.17%，

氧化鉛(PbO)56.88%，

氧化銅(CuO)2.28%，

總量爲100.66%。

　　值得注意的是，元代以後實物遺存較前豐富，琉璃紀年和匠師題記也有所增加。就目前調查得十三款。已知琉璃匠師，除宋、金時期的朱成，武□思、劉九鼎、□□肇、賈純仙、劉厚□、李道眞等七人外，元代又增加了九人。現將所留題記地點、內容抄述如下：

1.　汾陽峪道河龍天廟香爐兩側衝耳釉下，左耳"歲次大元國至大元年(公元1308年)四月初拾記"，右耳"汾陽瑠璃待詔任塘成造"。

2.　平遙東泉鎮百福寺山門脊刹背面立牌內"介休縣張元村瑠璃待詔張琳男張祥延祐三年(公元1316年)六月日造"。

3.　洪洞廣勝寺水神廟廊下延祐六年(公元1319年)《重修明應王殿之碑》背面左下隅"瑠璃匠洪洞縣公孫村喬君祿"。

4.　潞城李莊文廟大成殿脊刹正面束腰下沿及仙人兩側，題記四則"紀至元元年(公元1335年)李待詔記"；"李記至元元年閏十二月"；"元統三年(又是至元元年，公元1335年)"；"至元元年"。

　　大成殿脊刹背面立牌四週，題記二則"元統三年(又是至元元年，公元1335年)潞州待詔李"；"至元元年(公元1335年)閏月十二日記潞州待詔李"。

　　大成殿西鴟吻背面吞口內，題記一則二行，左"至治元年(公元1321年)程德厚營造廟堂"；右"至元元年(公元1335年)李君仁捏燒吻脊"。

5.　芮城永樂宮香爐上口邊沿一週"昔(時)至正二年(公元1343年)壬午季秋中元日十方大純陽萬壽宮□□□□□□□人等置香鼎壹□□□□氏待詔任玉逵"。

6.　五臺佛光寺文殊殿脊刹背面束腰內"至正拾壹年(公元1351年)八月初五日南臺佛光寺常住崇(重)修匠人王世榮王□□"。

　　上述數則題記爲幸存之例，不能完全反映元代山西琉璃的生產和製作狀況。僅就以上題記亦可證明元代琉璃業的製作，決不是一窯一地，其匠師幾乎遍及全省。呂梁汾陽的任塘成，晉中介休的張琳、張祥父子，晉南洪洞的喬君祿，上黨潞安的李君仁，晉北五臺的王世榮、王□□等。其製作規模之大、工藝之精，決非一、二名匠師所能勝任，留題者可能是首匠或領匠。他們的作品造型風格、捏製工藝和釉面色澤，各具特色。由此看來，不是一師傳承。或許師承甚早，到元代已自成一派了。

元代，山西琉璃匠師已開始向外地輸出了。元大都(今北京市)燒造琉璃的官窯和西窯，就是山西趙姓匠師遷京後主持經營的。起初建窯址於宣武門外海王村(今琉璃廠，當時俗稱官窯)，後又擴增或遷至西山門頭溝琉璃渠村(俗稱西窯)。就其能夠承建元、明、清三代宮殿、陵寢、壇廟等處各色琉璃作品，歷時達七百餘年之久[16]，可見當時琉璃業的發展規模之大。

六　明代——山西琉璃藝術的鼎盛時期

明代，社會安定，城市繁榮，寺廟建築發展。這些都促使山西的琉璃藝術空前興盛。其製作規模之大，分佈之廣，技術之精，匠師之多，均超過了以往任何時代。明代琉璃，大量用於宮廷、官府與宗教建築的修飾。例如，皇族的宮室、陵寢，達官的園囿、宗祠，宗教的廟宇、寶塔、供器以及華貴的各種器具飾件等等。正是由於此，雖幾經滄桑，人爲和自然界的不斷侵襲，許多古代建築坍塌毀壞，但山西境內保留下來的明代琉璃藝術佳品仍然極爲豐富(圖一一)。

明初，琉璃作品受宋、元影響較深，局限較大。明洪武十四年(公元1381年)所造太原崇善寺大悲殿的琉璃飾件是其典型代表，均用陶土作胎，黃、綠色釉，釉汁較濃，釉色純正渾厚，是當時官窯的製品。其鴟吻爲劍把吻，合嘴獸，吻尾向外捲曲，應該是明、清兩代捲尾劍把吻的開端。由於受皇室之制的限制，該吻與其他後世寺廟中的琉璃吻相比，形狀顯得拘束獃滯。

明代山西的琉璃龍壁，除磚砌影壁鑲嵌琉璃盤龍方心者外，有九龍、五龍、三龍、獨龍等幾種，壁面全用琉璃製品鑲砌而成。其中九龍壁三座，分別是洪武時的大同壁、正德年間的平遙壁、天啓五年的平魯壁。十年浩劫中，平遙、平魯二龍壁皆被毀壞，祇能從照片上窺其規模(圖一二)了。五龍壁三座、三龍壁三座、二龍壁四座、獨龍壁一座，分佈在大同、代縣、介休、太原、清徐、榆次、長治、運城、聞喜、汾陽、臨汾、襄汾、翼城等地。諸多龍壁中，大同九龍壁是明初山西琉璃製品中的優秀代表作。它是朱元璋第十三子朱桂封藩大同時的王府前影壁，王府建築早已毀壞，僅影壁獨存。此龍壁於洪武二十五年(公元1392年)建造，長45.5米，高8米。壁面364平方米，由四百二十六塊五彩琉璃鑲嵌而成；下部爲束腰須彌式基座，高2.09米，束腰壼門之內，雕有虎、獅、馬、牛、羊、象、狗、兔、麒麟、狻猊等動物形象。壁心由九條盤龍聯成壁身，龍姿飛舞，昇降自如，奔騰於波濤洶湧的海潮和雲氣之間。影壁中心有棕黃色坐龍一條，四爪分置，頭居中央，龍尾向後擺動，雄健有力。左右八條龍，曲折翻轉，姿勢各異。龍與龍之間以山石、海潮、水草等浮雕相聯。壁爲粗坩土作胎，表層施有黃、綠、藍、白、紫五彩釉色。海水、雲氣和天空用藍、綠釉相襯，九條龍的釉色，除兩條爲紫釉外，其餘皆爲黃釉。釉色純正，毫不混雜，僅黃釉的色變就有中黃、淺黃、深黃、米黃、棕黃、醬黃、赭黃等七種。照壁之頂覆以斗栱、額枋、垂柱、椽飛和瓦頂脊飾。整個龍壁色澤深沉渾厚，氣勢雄偉壯麗。其規模之大，造藝之精，冠於全國。壁前一塘池水，碧清見底，遇有微風，水波蕩漾，龍壁倒影池中，尤如游龍浮動於海水之上。

永樂到成化之間(公元1403—1487年)，山西的琉璃業大爲發展，使用範圍日漸擴大，品類增加。其造型突破了宮廷的限制，開始變得活潑而富有生氣。太原市東郊黑陀山明永樂六年(公元1409年)，太祖朱元璋第四子朱棣爲紀念母后建造的報恩寺，瓦頂、地面、影壁、花罩、神龕、供桌、花瓶、蠟臺等等皆以琉璃爲之，均用細坩泥爲

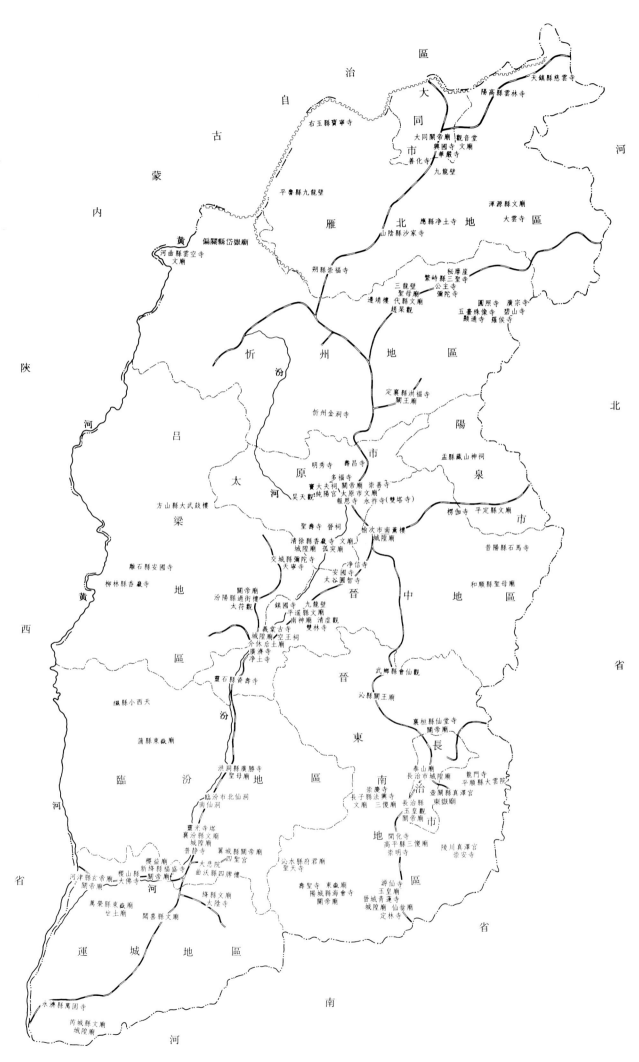

—— 山西現存明代施用琉璃建築分佈圖

一二　平遙太子寺九龍壁

一三　介休后土廟三清樓上騎麟武士

胎，五彩色釉，工藝精湛，是繼崇善寺之後又一批官窰中的產物。交城縣羊坡村順雲寺，明永樂十二年(公元1414年)建，殿頂脊獸、溝滴、殿內供桌、香爐等皆爲黃、綠、藍三彩琉璃製成。寺中原存二十餘尊琉璃佛、菩薩、金剛造像，技藝均佳。依其造型手法，亦應是永樂年間遺作。清徐縣利應侯廟，宋代創建，明永樂十四年(公元1416年)大修，瓦頂琉璃製品多是大修時添配。其中部份造像和吻獸上的孔雀藍釉色，最引人矚目。文水縣馬村洪福寺後殿上的琉璃，是永樂十八年(公元1420年)的作品，除吻獸溝滴外，其脊飾上的仙人、武士、行龍、飛鳳、押魚、奔馬及化生童子等各種造像，足可以和當時的雕塑相媲美。此外，還有太原崇善寺的盤龍香爐、太原多福寺的龍鳳香爐等，也都是永樂年間的作品。可惜，這些作品或在戰爭中拆毀，或在十年浩劫中砸壞，大都成爲瓦礫。僅有太原黑陀山報恩寺侏儒燈臺一具和小菩薩頭像一尊，尚可窺見當時藝術成就之點滴。永樂年間(公元1403—1424年)，山西琉璃匠師還製作了不少珐華器。所謂"珐華"(亦稱"珐花")，是元代山西南部地區在燒製琉璃過程中，創造出來的一種琉璃新產品，到永樂時期盛行起來。珐華的特點是用陶土作胎(到明代坯胎也有用高嶺土的)，體質輕薄，胎面用古代塑像或彩畫技術中的瀝粉之法，用前部有硬管的囊袋，將圖案用泥漿勾勒成凸起的線條紋飾，然後分別塗刷黃、綠、藍、紫、褐等色釉料，填出底子和花紋色彩，入窰燒成。明代山西珐華器，大多數是些小件器皿，如花瓶、花罐、香爐、人像、動物之類。其中澤州(今高平、晉城、陽城)一帶出品最精，蒲州(今永濟)、絳州(今新絳)一帶多係人像之類。永樂時珐華器多出自平陽附近(今臨汾一帶)；汾陽山泉鎮的珐華器，質地粗糙，與晉南風格迥異。這種工藝流傳很廣，後來江西景德鎮所燒造的素三彩珐華器，也是由此仿造的[17]。現在山西省博物館存有一隻黑色珐華缸，是永樂年間的作品。在此期間，大量精美的琉璃作品，隨着宗教的發展，使用在佛寺、道觀和風俗神廟的神龕、影壁或屋頂構件之上。其形象更爲靈活。以鴟吻而論，許多寺廟鴟吻，或尾向外捲；或爪向前伸；或小龍頭朝上；或盤龍於兩側……變化多端，各具特色。以脊飾雕塑而論，人物有菩薩、僧侶、仙人、力士、化生童子等等，禽獸有龍鳳、獅虎、麒麟、大象、馬匹、大鵬鳥等等。此外，橋梁、樓閣、花卉、日月星辰等等，無所不包。以龍形而論，昇龍、降龍、盤龍、坐龍、行龍、臥龍、龍串富貴、二龍戲珠等等，真是各盡其妙。

　　介休后土廟三清樓屋頂的琉璃垂獸，是明宣德二年(公元1427年)重修時的遺物。它與創建時殘存的宋代琉璃瓦不同，也與後世之作有異。垂獸爲武士騎麒麟，麒麟張口翹尾作奔馳狀。紅膠土作胎，黃、綠、藍、白、赭五彩釉，以孔雀藍釉爲主。人、獸形態俱佳，釉面色正光亮(圖一三)。可惜武士被毀，僅存麒麟。宣德五年(公元

1430年)所造天鎮慈雲寺毗盧殿上吻獸、脊飾，造型頗佳且保存完好。大吻捲尾劍把式，吻身較成化(公元1465—1487年)以後微高，龍鱗甚少，形狀比宮廷劍把吻秀麗。脊側花卉以牡丹為主，蛟龍串於其間。脊上獅、麟、鳳、魚、馬、狻猊等禽獸，或息或奔，各具姿態；童子側身仰臥，豐潤生趣。垂獸縮頭閉嘴，雙目凝視，紅黏土坯胎之上，施五彩釉。捏工尚佳，但釉面光澤略暗，與大同九龍壁相較，略遜一籌。

代縣文廟櫺星門及其影壁上的琉璃藝術部件——雲罐、脊飾、盤龍、溝滴等等，除清代補配了梢間兩條盤龍外，其餘全是明正德年間(公元1436—1449年)重建時的遺物。其中尤以門側兩次間影壁上的團龍，造型、工藝最佳。方心四角各塑卷草圖案，一百零八顆珠粒鑲於黃色盤帶之上圍成團龍圓壇。壇下塑海水、山石，上塑雲氣，左壇一條鯉魚躍出水面，兩條巨龍回首盤曲。磚紅坩泥製胎，質地甚粗；表層五彩釉，以黃、綠為主。形體矯健，釉色純樸。

洪洞廣勝上寺大雄寶殿的脊飾，是明景泰三年(公元1452年)重建殿宇時燒造的。脊飾游龍肥瘦適當，蜿蜒自如；花卉枝葉繁茂，色彩艷麗；獅虎威猛雄健，神態逼人。坩泥土上施五彩釉，其中虎背的釉色奇異，有黃、綠、白、醬等色，猶如彩陶設色效果。景泰七年(公元1456年)介休五嶽廟鐘鼓樓的魚尾式鴟吻繼承古制，又有所創新，在明代琉璃中獨具特色。

明代琉璃製品在色釉方面，有所發展。除黃、綠、藍、白、紫、赭、褐等色外，又增加了黑色、醬色、棕色，其中孔雀藍(又稱翠藍)和孔雀綠(又稱翠綠)較前更加艷雅純正。汾陽縣文物展品中琉璃狄青像龕和瓦上海馬，是明代小型製品中的佳作。龕為廊屋式，前沿設有勾欄；龕側矗着兩根盤龍柱子，柱頭之間架有闌額和普柏枋；再上為五踄斗栱和檁條。狄青雙足下垂，端坐中央；髮縷披於腦後，身穿鎧甲，腳蹬雲頭靴，雙手撐扶於腿面，神態莊重。按其建築特徵、盤龍形狀和造像風格應屬明代早期作品，至遲也不會晚於景泰年間(公元1450—1456年)。坩細泥為胎；黃、藍色釉，藍釉中介有綠色成份，釉面較厚，有撬片脫落現象。瓦上海馬，應是殿堂翼角上的藝術小件，馬形古拙，肌肉肥碩。白坩泥作胎，孔雀藍釉。釉汁較濃，釉色艷麗晶瑩，也是明代前期的佳作。

天順年間(公元1457—1464年)琉璃獅子，不像洪武時那樣矯健，也不如嘉靖後那樣雄壯。山西省博物館藏的兩尊琉璃獅子，造型英武，身體高大。汾陽縣文化館院內保存的一對琉璃獅子，是天順時期的優秀作品。白坩泥為胎；黃、綠色釉，綠釉偏藍，界於藍、綠之間。獅高2.25米，蹲於束腰須彌座上。基座上下刻仰覆蓮瓣花紋，束腰部份雕二龍戲珠。獅分雌雄，其中雌獅造型尤佳，週圍三隻幼獅：一隻伏於母獅背上；一隻臥於母獅右前足下仰

一四　介休廣濟寺殿頂脊剎琉璃題記　　　　一五　文水縣馬村洪福寺明成化年間琉璃吻獸　　　　一六　靈石資壽寺大雄寶殿龕內題記

望；另一隻爬在母獅腹前食乳。其神形生動逼真。獅背下部原有"大明天順五年（公元1461年）吉造"的題記，可惜十年浩劫中被推倒在地，年款及匠師題記已剝蝕不存。

介休師屯村廣濟寺殿頂上的脊、吻、剎、獸、龍、鳳、獅、麟、仙人、武士等等，均在坯胎之上施黑色釉彩。其釉色明亮，與其他色釉的琉璃製品比較，風韻截然不同。根據脊剎題記（圖一四）分析，這批琉璃是上黨屬地陽城喬家和介休侯家、王家三姓匠人共同燒製的。天順六年（公元1462年）工程告竣。以後七十五年，至嘉靖十六年（公元1537年）糾首侯勤、劉子恭和本里琉璃匠喬志琼、喬志貴等人重修此殿，仍以黑色琉璃補葺。

介休義棠村，原有古寺一座，寺已塌毀，發掘基址時覓得黑色琉璃三件：剎座、武士和仙人。剎座原為佛殿頂上正脊中心寶剎下部的構件：下垂蓮瓣成覆缽式，底端捲起略如寶裝蓮花形式，其上束腰，設仰蓮三層的平臺。再上應有獅象、寶瓶或寶珠。武士側首鼓腹，雙目圓睜，毛髮豎立，前傾欲行。仙人倚俯在魚背之上，雙目凝視，舉手捧物，飄帶垂於身後兩側，下無肢足。武士與仙人均置於筒瓦之上，應是建築頂上的部件。磚紅坩土作胎，全黑色釉。剎座凸出蓮瓣黃莖，武士衣紋髮絲分明，仙人面部和上肢留有胎色，格調清新，與眾不同。其工藝與師屯村廣濟寺琉璃相近，蓋為同時遺物，或出自同一伙匠師之手。

文水縣馬村洪福寺殿上的龍吻、寶剎、菩薩、力士……等諸琉璃構件，根據脊剎背面題記"大明成化元年（公元1465年）五月吉旦介休琉璃匠……（以下姓名脫落）"可知，為明代成化年間早期所製。一對龍吻形體扁潤，吞口大，吻尾小，身體蜷曲向上，尾部不向外捲，猶如降龍在盤旋蠕動。在元、明吻獸中，這還是僅見的一例。1963年殿宇毀壞，琉璃構件亦不存，幸有毀前照片（圖一五）可略領其藝術風格。

晉城玉皇廟山門、二門、前殿、鐘鼓樓、獻亭等處的琉璃，多是明成化二年（公元1466年）河南修武縣琉璃匠李琮、李璉、陳景等人所製。其中山門上的琉璃，造作工藝尤精。兩鴟吻都是一條巨龍盤曲而成，頭作吞口，尾部垂直向上。這與永樂宮三清殿獨龍盤曲的元代鴟吻截然不同。吻身兩側不雕盤龍，而各堆塑鳳凰一隻，頭下尾上作翩翩舞姿。這在已知的明代鴟吻中，可謂別具一格。脊上寶剎，在吞口之中設盤龍形龕一個。龕內素面，週雕盤龍三條，上置高閣四層，第二層四週牆壁上有城門洞和城牆垛口，三、四兩層設明柱和瓦頂裝飾，形制之殊，亦為其他脊剎所未見。山門正脊兩側除雕行龍八條盤曲於流雲之中外，還塑有仙人、武士。他們或騎於馬背、龍尾，或站於雲端，形象神態也各不相同。白坩土為胎，全藍色釉，捏工洗煉，色調純正雅淨。此外，前殿、鐘鼓樓、獻亭等處的琉璃，雖與山門上的形狀、釉色均相異，但可以肯定亦是成化年間較好的作品。前殿脊剎極似木構建築，吞口之中塑水紋和寶相花，其上二層樓閣為三檐十字歇山式，平座勾欄齊備，額枋斗栱規整，四面還凸出龜須座各一間，製作甚為精巧。

在洪洞廣勝下寺，還留有成化十一年（公元1475年）重修時的遺物。吻為劍把式，脊身貼花微微凸起，吻形俊秀，脊獸自如。脊中行龍蜿蜒，鱗甲細密，飛鳳尾部特長。脊側化生童子，肌肉豐潤，面形盈麗，神態活潑而天真。

靈石資壽寺大雄寶殿的脊剎、鴟吻等，根據剎龕內題記（圖一六），是介休義常（棠）村琉璃匠喬耐等人於成化十二年（公元1476年）燒造的。粗坩土胎；黃、綠色釉，釉色偏淺，釉面較薄，綠釉泛鉛積翳，已呈銀釉色調。鴟吻為一條盤曲的巨龍，尾部略向前伸，與永樂宮三清殿元代龍吻相似（圖一七）。

陽城湯王廟獻亭上的吻獸、脊飾、瓦件、溝滴、排山、懸魚、博風等等，均以琉璃為之。吻獸背面腰部有題記，為成化十七年（公元1481年）本縣道濟廟匠人喬贊等人所造。白坩土作胎，黃、綠、藍、白、醬五色釉。大吻上爬一小龍，昂首向天；吻尾似魚尾分叉，尚存遼代古制。脊側行龍神形各異。垂脊下端雕一完整行龍作垂獸，面形猙獰，姿態兇猛。四角嬪伽端坐脊頭，雄健威武。

代縣文廟大成門和大成殿上的琉璃，另是一種格調。整個屋頂全為藍釉鋪蓋，色澤清新鮮亮。據重修碑文所載，是明成化年間（公元1465—1487年）重修時所製。據調查，建築上琉璃的藍釉，純藍色很少，而多與黃、綠兩色相間使用。元代僅見永樂宮三清殿鴟吻，至明成化年間，晉城玉皇廟山門、代縣文廟大成門和大成殿已發展為殿頂構件全部為藍釉製成。迄今為止仍色彩艷麗，光亮照人。這也可能是琉璃工藝在調色上的一大進步吧！

一七　靈石資壽寺大雄寶殿明代鴟吻　　　　　　　　　　　　　　　一八　平遙鎮國寺天王殿明代脊剎

　　明代弘治至萬曆年間(公元1488—1620年)，是山西琉璃製作的黃金時代。衆多的傑出作品，使山西成爲我國琉璃藝術的重要寶庫。弘治六年(公元1493年)曾修造了平遙縣郝洞村的鎮國寺。可惜廟宇遭損毀，如今僅有天王殿上脊剎(圖一八)、小獸和部份瓦件爲明代遺物，其他多爲清代製品。長子慈林山法興寺菩薩殿的琉璃，也是弘治六年作品，造型、色釉均屬上乘，亦大部份保存完好(圖一九)。

　　定襄縣北杜村洪福寺大雄寶殿上的琉璃，是弘治七年(公元1494年)本村匠人叟人芟所製。其中兩隻鴟吻皆無鱗甲，吻身上部各堆塑黃色小龍一條，盤曲於綠釉浮雲之中，頗有飄飄欲動之勢。脊剎較小，中心獅子下面似缺一層基座，二吞口之間豎立牌一面，上刻"皇帝萬歲"和製作年款。剎上綠獅三軀，各馱一仰蓮式露盤，盤上寶瓶已毀。獅背毛斑呈鱗甲紋樣，腰間披墊捏工精緻。脊飾有雲紋、卷草和牡丹花圖案；垂獸探頭縮頭，張口欲吞，鼻孔隆起，雙目凝視。特別是此殿的琉璃釉面，除瓜皮綠色外，其餘均爲黃色，而黃中介綠，近於黃綠或草黃色。這在衆多琉璃製品中也是少見的。

　　平遙冀壁村雙林寺大雄寶殿和天王殿上的脊飾、寶剎、行龍、花卉和垂獸，都是明弘治十二年(公元1499年)本縣杜村里琉璃匠張士瑞、侯伯意、侯伯全、侯伯林等十五人造作。清代補配了大吻，形狀與釉色均不同明制。天王殿寶剎，正面雕屋形龕，立柱之上有額枋、斗栱和屋檐兩層。內塑觀音坐像一軀。觀音頭戴風帽，身披法衣，袒胸露腹，腰繫裙帶，結跏趺坐，雙手置於腹前，神態端莊凝重。龕上綠獅，昂首望天，背馱蓮蒂，蒂上寶瓶早毀。剎背立牌一方，內刻年款匠師姓名。垂脊下端塑有行龍作垂獸，與正脊兩側行龍雖係同時之作，但造型截然不同。

　　沁水縣東郎壁村聖天寺大殿上的琉璃，鴟吻已在萬曆年間更換，惟脊飾花卉、行龍、垂獸、寶剎等還是弘治十二年(公元1499年)的原物。紅黏土作胎，黃綠色釉。釉面多已剝落，僅存者因鉛的還原作用表層彩翳較厚，已變成銀灰色。神龕附近及其檐下尚可窺見綠釉原貌。脊中央無寶瓶凸起，而在脊身正面雕殿堂形龕一間。龕爲單檐歇山式。柱枋、斗栱、脊飾完備，比例適度，結構齊全。龕內雕彌陀佛一尊，結跏趺坐於束腰須彌座上。像側有題刻"大明弘治十二年三月十五日潞州匠人雨之四里劉祥劉祿"。在明代琉璃中，潞州匠師的作品僅此一例。

　　洪洞廣勝上寺毗盧殿上的琉璃，明弘治年間的作品保存最爲完整。毗盧殿面寬五間，進深四間，廡殿式。大殿之上，吻獸、脊飾、方心、翼角全爲同一時期的琉璃製品，歷經變遷仍保存完好。脊中寶剎基座奇異，左右不設吞口，有龍尾與花卉相觸，中心龕內於雲頭之上堆塑和尚一軀。誇張的肌肉，腴露的肚腹，含笑的面容，極似彌勒佛。龕上兩側塑二侍者。侍者面似供養菩薩，但身後左右生出兩翼，猶如大鵬鳥軀體；雙手捧圓鉢作供奉狀；下部身後與長闊的鳳尾相連，很像是飛天翱翔，造型殊異，就是在佛寺壁畫、懸塑中也屬罕見。脊剎背面牌內，刻有弘治十三年（公元1500年）琉璃匠喬志清、喬六信、喬胄的題記（圖二〇）。殿頂四阿式，正脊較短，兩端鴟吻雄峙。鴟吻捲尾劍把式，吞口宏大，雙角蜷曲，耳後龍足折回與吞口聯在一起。吻身小龍盤曲，作隆龍之勢。脊側塑怒放的牡丹，花瓣重疊緻密，其間翻騰的行龍極富動感；脊上左右各置鳳凰一對、飛馬一軀，作欲飛和奔馳狀。可能由於脊身短促，塑造較多，略顯擁擠。四條戧脊兩側，還各塑有一臥式化生童子。西南戧脊上童子體形奇異，手捧花束順花枝而臥，頭手部份人形，腹部以下魚狀，當地傳言為"魚精修成的仙童"，蓋是今人所說的娃娃魚吧。各條戧脊之上，安有九枚小獸和仙人。其中武士的姿態最引人矚目：眼神貫注，兩腮收縮，雙手緊握拳頭，好像正值拚搏的一瞬間。所有琉璃構件均為坩泥胎，釉色以黃、綠、藍三色為主，兼用少量的白、醬、黑、赭等色，釉色斑駁引人。從捏製技巧和色釉的運用上看，可以說都達到了爐火純青的地步。

　　聞喜縣文廟大成殿上的琉璃，是弘治十四年（公元1501年）重建時的作品。脊中寶剎雕樓閣一座。閣身三層：底層三間四柱，柱上部雕有獸面、斗栱、額枋、雀替等，柱後隔扇剔透；二、三兩層閣身僅及一間，上塑十字歇山式屋頂，二層四週圍廊，前後各凸出歇山向外的出際屋角。整個寶剎樓閣形體別致，構造合理，是一座很典雅的古建築模型。兩端鴟吻構圖與眾不同，鴟吻後足撐天製成吻尾，小盤龍自尾部捲曲向下至後面伸出而成背獸。垂獸四個皆為行龍伏於脊下端，昂首翹尾作奔馳狀。全部飾件均用紅黏土作胎，施黃、綠色釉，脊剎中施有少量的孔雀藍釉，綠釉表層積有彩翳已變成銀灰色，鴟吻部份尤為明顯。

　　太谷圓智寺千佛殿上的琉璃，也是這一時期有特色的作品。正脊上立塑武士、海馬、鳳凰等。脊剎下部有一殿閣形龕，龕內塑老壽星坐像；龕上方形剎座塑獅馱寶瓶；背面立牌一面，有題記為"弘治十四年（公元1501年）孟夏月十四日造"（圖二一）。正脊吞口兩側，塑有道教神像。根據其像側題名，他們是漢鍾離（鍾離權）、呂洞賓、藍采和、鐵拐李（李鐵拐）、曹國舅、韓文公（韓湘子）、何仙姑、張古（果）老。個個面形圓潤，軀體健美，衣着適體，多數手持法寶，腳下雲氣繚繞，給人以飄然欲飛之感。在佛寺殿堂之上堆塑如此眾多的道教偶像，保存至今者尚屬罕見。可惜張古老、曹國舅兩尊頭部缺失。正脊兩端鴟吻，形體略高，背獸偏小，吻上盤龍尾部衝上而前伸，還沿襲着元代或明初的規制。垂脊上海馬作奔騰狀，垂獸為一條行龍，探頭翹尾略仿獅麟姿態。翼角外端裝有套獸和嬪伽。嬪伽為武士裝，套獸作翹首狀。兩者本是兩個不同的藝術部件，但組合在一起很像武士騎於獸背奔向天空。全部飾件均用紅黏土作胎，黃、綠色釉，兼施藍、白、醬三色。

一九　長子縣慈林山法興寺菩薩殿琉璃題記　　　二〇　洪洞廣勝上寺毗盧殿題記　　　二一　太谷圓智寺千佛殿脊剎題記

新絳稷益廟稷王殿的琉璃，據碑文和題記記載，是弘治十五年(公元1502年)重建時所造。脊座混磚爲線刻纏枝牡丹，脊中花卉、童子、行龍、飛鳳都較完整。當中脊刹形如高閣，塑造極爲精細。閣爲三層：底層內塑有佛像(已毀)及廊柱四根，二平柱上有盤龍纏繞作戲珠狀；二、三兩層樓身下部設平座勾欄，二層平座斗栱出下昂三跳；各層柱上皆有斗栱承托瓦檐。此形制爲古建實物中所未見。寶刹兩側有獅馱寶瓶及飛馬武士。獅膘肥體壯，四足略短，雖然雙眼圓睜，鼻孔力張，但毫無兇猛之威。該殿琉璃是在紅黏土坯胎上敷以深綠、醬黃和孔雀藍釉。綠色幽暗，孔雀藍色鮮亮，醬黃色深沉透明，釉面晶瑩光亮頗爲引人。

　　五臺佛光寺東大殿內琉璃香爐，捏工精細，釉色渾厚，蛟龍蜿蜒於花束之中，探頭縮尾，曲曲蠕動。按其形狀和雕塑風格，也應是明代前期之作，至遲不會晚於弘治之後。

　　弘治至正德年間(公元1488—1521年)燒造的平遙南神廟(又稱耶輸夫人廟)院內的琉璃棺罩和琉璃壁，是一種特殊的藝術品。廟內正殿兩側旁院牆壁上，滿飾着由琉璃製塊鑲嵌的各種藝術品。內容爲太子出行等佛傳故事，還塑有反映社會風貌的樓閣、殿堂、門廊、城堡、官貴、百姓以及龍、鳳、獅、麟等等。東旁院中心置一座琉璃棺罩。棺罩上部收有攢尖頂，兩側雕二龍戲珠，前後各塑一展翅欲飛的立鳳。釉色以黃、綠爲主，兼有赭、紫、黑、白等色。西旁院北壁上有琉璃小碑一通，上有"本縣杜村里匠人造侯敬侯讓門人張其張置"的題記。廟內正德五年至八年(公元1510—1513年)的《敬神安民之記》碑陰也記有"杜村里琉璃匠侯敬侯讓"，與雙林寺的琉璃同爲杜村里侯氏之作。

　　河曲岱嶽廟正殿上琉璃，是河曲縣發現的惟一有紀年的作品。粗坩土作胎，黃、綠色釉，由於坯土加工欠週，局部有爆釉現象。捲尾吻尾部甚大，脊飾、花卉、行龍雕工略糙。脊刹背面立牌內有題刻，爲正德元年(公元1506年)匠人王大所造。其工藝釉色皆遜於別處。

　　晉城青蓮寺所存琉璃獅子一隻，尾上原刻有"大明正德捌年(公元1513年)"題記。獅子造型俊美，矗立雲頭，口銜飄帶，帶下拴繡球一枚。以白坩泥爲胎，胎質細密，施黃、藍、白、黑、醬五色釉彩，其中以孔雀藍釉爲主。獅形奔放，色彩艷雅。與汾陽文化館、山西博物館所存琉璃獅子風格截然不同。

　　汾陽南關關帝廟寢殿上的琉璃飾件，富麗斑駁，保存完好。鴟吻四品，施黃、藍兩色釉，吞口眼珠甚大，背獸仰天而視，吻尾小龍盤曲，雙足搭在頭頸上，別致有趣。脊飾中除龍鳳花卉外，還有三國關羽故事人物。脊刹中部底層爲三間門樓，盤龍柱上承托着斗栱和十字歇山式屋頂，其上塑獅象馱瓶。兩側各雕四個小獅圍成一圈，貼身相依，共負刹重，其上塑飛馬馱瓶，與中間獅象馱瓶相互映襯。脊刹背面中部亦雕門樓一間，形制同前，左右各立一牌，內書題記。左書"大明正德拾年(公元1515年)伍月吉日重建"；右書"介休縣張家里琉璃匠秦富秦貴秦榮長男秦廷璽"。門樓從柱枋、拱額到門扇、門鉢、門釘無不俱備，比例適度，構造合理。寢殿兩側博風板和封山壁上，皆用琉璃鑲嵌。博風上塑牡丹和二龍戲珠，封山壁上雕流雲和圓壇，壇內兩條盤龍一昇一降，亦作戲珠狀。捏工洗煉，釉色純正。山西上百處有紀年的琉璃作品中，秦氏之作僅此一處，且師承未續，甚爲可惜。

　　太谷淨信寺毗盧殿脊刹，是文水縣張穩等人於正德十七年(公元1522年)所作。脊中寶刹別具一格，除脊身部份設吞口立牌並刻有題記外，刹上兩側不塑獅象，卻突出山石形狀，猶如"珊瑚島"之類。中刹有桌形基座兩層：下層貼牡丹一朵；上層置仰蓮平盤。再上爲獅馱寶瓶。兩層寶瓶之間塑一屋檐式六角平盤，極頂鐵刹矗立。脊中流雲花卉並重，行龍浮游其間。脊刹以黃、綠釉爲主，偶有白、藍等色，尤其是寶瓶上施柿紅色釉，柔麗斑斕，富有瓷釉效果。這在琉璃製品中是很少見的。

　　明代琉璃藝術施用範圍日漸廣泛，除殿堂脊飾、照壁、牌坊外，還用來鑲砌高塔。據調查，明代山西的大型琉璃塔就有正德至嘉靖年間(公元1506—1566年)的洪洞廣勝上寺飛虹塔、隆慶二年(公元1568年)的陽城海會寺舍利塔、萬曆二十七年至三十二年(公元1599—1604年)的五臺山獅子窩琉璃塔、萬曆三十七年(公元1609年)的陽城壽聖寺琉璃塔、萬曆四十二年(公元1614年)的襄汾靈光寺的琉璃塔等等。其中以洪洞廣勝上寺的飛虹塔建築年代最早，規模最大。

洪洞廣勝上寺位於霍山之巔，飛虹塔居於寺址前隅。塔爲平面八角形，十三級，總高47.31米。塔身表層全用黃、綠、藍、白、赭、褐、黑等各色琉璃製品鑲嵌而成，精緻富麗，是我國琉璃塔中的傑出代表作。其中尤以一、二、三層製作最精。塔身底層用琉璃製品鑲砌成束腰式須彌座，仰覆蓮瓣製成平臺，壁間設有倚柱、圓壇、花束、昇龍、降龍、寶珠等，上部用額枋、斗栱和椽飛製成出檐，並飾有門楣、花罩、垂柱、雀替等。檐下塑有文殊、普賢、觀音、地藏等菩薩立像，分置於城門或城樓之間。塔南向闢有栱券式門洞，由此入塔可直攀至塔頂。門外兩側塑二金剛雄峙，門上又塑有十二圓覺菩薩。各像比例適度，肌肉豐潤，衣飾合體。天啓年間（公元1621—1627年）在塔身外圍增築迴廊一週，將塔底層外圍的精美琉璃構件封存在廊下木壁之內。外圍迴廊上脊飾吻獸，均用琉璃製品。南面入口處凸出龜須座一廈，三間兩層，十字歇山式屋頂，猶如塔前一座小型樓閣，形體端莊，製作工精。塔身第二層上雕飾琉璃製作的各種團龍、飛鳳、麒麟、馬匹、金剛、菩薩、力士、脅侍、供養人及寶塔、街亭等等。每面中心設洞龕一區，金剛居其中，左右以圓壇或方心相對，內塑高僧、佛塔、街市、亭榭、盤龍、麟獸、駿馬之類。南向方心內雕武士降龍奔馳；北向立鳳居中，金剛和盤龍分置兩側。上有斗栱蓋頂；下有花束鋪地。再上爲疊澀出檐，而以栱昂出跳和雲板置成平座挑承三層勾欄。第三層塔身雕塑更爲別致，於平座勾欄之上塑四大菩薩和拂菻、獠蠻、護法、韋馱、脅侍、金剛等，分別乘騎着各種神獸，兩側分別塑有寶瓶、燈臺和窣堵坡。壁間中心築券栱佛龕，但各個塑像卻不塑在龕內而是挺立在勾欄平臺之上。四大菩薩居中，其餘分侍兩側，主次分明，排列有序，是典型的佛教密宗造像佈列規範。各層檐下用斗栱和蓮瓣隔層相間製成出檐，斗栱有五跴、七跴、九跴之分，蓮瓣有一層、兩層和三層之別。各層上部皆嵌黃、綠、藍色相間的額枋垂柱。檐頭、椽飛、溝滴等，十分完備。轉角處戧脊、套獸齊全。戧獸多爲行龍，龍口銜風鐸一枚。三層以上至十三層間，每面砌有券洞、佛龕和方心，內置佛像、菩薩和童子。門外兩旁嵌着琉璃盤龍、寶珠和各種花飾，二、三兩層最爲精緻。塔刹上有基座、仰蓮、覆鉢、項輪、露盤和銅質寶珠，刹週築小塔四座，略如密宗中金剛寶座塔的格局。塔內底層銅鑄釋迦佛坐像一尊，像的上部雕飾巨大的琉璃藻井。垂柱花罩一週，上塑斗栱三層，每層都是九跴。其間塑有金剛、菩薩、力士、明王、殿閣、樓臺、橋梁、亭榭、勾欄、望柱以及盤龍、花卉、蓮瓣、流雲等等。其中殿閣有單檐、重檐兩種，樓臺有六角、八角之分，亭榭有方形、圓形和多邊形，蓮瓣有仰蓮、覆蓮和寶裝蓮。極頂塑九隻龍頭聚會，蓋取“九龍灌頂”之典故。在這約15平方米的範圍之內，雕造如此龐雜、細密的藻井，且層次清晰，有條不紊，真可謂匠心獨運，工精至極。塔內門道右側鑲有一方牆碑，碑上鐫刻着飛虹塔重建年代，始自武宗正德十年（公元1515年），完成於世宗嘉靖六年（公元1527年）（圖二二）。雖經歷四百六十餘個春秋，至今色澤依然如新，實爲我國琉璃藝術遺產中的傑作。

　　關於飛虹塔的製作匠師和籍貫，塔上沒有留下題記（或已損壞），僅第一層南面入口處金剛衣襟上刻有“洪洞南羊里女善人么”和“正德十四年”（公元1519年）字樣。在離此塔不遠的水神廟中，留有元代延祐六年（公元1319）《重修明應王殿之碑》一通，背面左下角記有“琉璃匠洪洞縣公孫村喬君祿”（圖二三）字樣。這說明自元代起，廣勝寺水神廟的琉璃，即是本縣喬氏之作。弘治十三年（公元1500年）重修廣勝上寺毗盧殿，殿頂琉璃亦留有“琉璃匠喬志清喬六信喬胃”的題記。到嘉靖元年（公元1522年）重建廣勝上寺地藏殿，殿頂琉璃脊刹亦有題字“瑠璃匠喬志清喬六信喬胃”（圖二四）。可以證明，自元大德年間因地震被毀的廣勝寺，從元延祐年間重建起，到明弘治、嘉靖年間修葺，各殿琉璃都是洪洞縣公孫村喬氏所造。那麼飛虹塔在正德十年（公元1515年）至嘉靖六年（公元1527年）建造時，恰是喬志清等人在廣勝寺燒造地藏殿琉璃之際。再根據兩處坯胎、造型、釉色等多處相似分析，也許飛虹塔上的琉璃就是本縣匠師喬志清等人製作的。

　　嘉靖時期（公元1522—1566年）是山西琉璃藝術的隆盛期，技藝高超，成就顯著，實物遺存極其豐富。就調查所知，除廣勝上寺飛虹塔外，有紀年的作品就達二十多處，大多形體秀美，釉色艷麗，是我國琉璃工藝中的珍品。

　　洪洞廣勝上寺地藏殿上的琉璃飾件，爲嘉靖元年（公元1522年）洪洞縣公孫村喬志清等人造。粗坩土製胎，五彩色釉，捏工纖巧細膩，人物造型逼真。脊刹吞口之上雙角捲曲，中雕山石，獅子馱着寶瓶。兩側各塑一休儒，

二二　洪洞廣勝上寺飛虹塔重建題記　　二三　洪洞水神廟元延祐　　　二四　洪洞廣勝上寺地藏殿脊刹立牌背面題記
　　　　　　　　　　　　　　　　　　　　　　《重修明應王殿之
　　　　　　　　　　　　　　　　　　　　　　碑》琉璃匠師題記

肌肉臃腫，雙目圓睜，頭頂寶珠。垂獸塑仙人騎於龍背之上。龍形萎縮，尾部微翹，仙人拱手而坐。脊飾中龍形翻滾，鱗甲緊皺；飛鳳翻身回首，展翅欲翔；化生童子半仰半臥，天眞喜悅；健壯的武士袒胸露腹，側身凝視遠方；海獅、飛馬於雲頭上作奔騰狀。

　　榆次城隍廟的琉璃，分佈於山門、城隍殿、玄鑒樓、東西配殿、後殿、兩側迴廊和八字影壁之上。根據題記，八字影壁爲嘉靖二年(公元1523年)壽陽匠人劉時昇父子所製，城隍殿上吻獸脊飾爲嘉靖三年(公元1524年)造，玄鑒樓上的琉璃是在嘉靖六年(公元1527年)燒畢。其中影壁四座，雖大小不同，但都精緻，位置皆在玄鑒樓北面舞臺兩側。大影壁下部設檻牆，上有兩層木構斗栱和瓦壠脊獸，中部壁身用琉璃鑲砌成一隻麒麟，昂首翹尾作奔馳狀。小八字影壁形體瘦高，兩側爲磚雕圖案，壁身鑲有琉璃雕飾的山石、樹木、人物、馬匹、城牆和雲龍，很有山水畫的格調。其他如山門、配殿、迴廊、後殿等皆爲清製。

　　介休縣城隍廟各殿頂上的琉璃藝術構件，也是嘉靖年間的作品。各殿皆爲琉璃剪邊，城隍殿前坡還塑有方心三塊。其中尤以城隍殿歇山的博風懸魚最爲精緻。博風上端塑有獸面一具，左右雕行龍串於蓮花之中；雲牌形的懸魚垂在當心，上置火燄寶珠一枚。懸魚中雕行龍折身於牡丹花中，向上作吞珠狀。兩側塑有流雲拱托日月圖案。城隍殿脊刹爲樓閣式。前有門樓三楹，明間凸起作十字歇山式屋頂，後有高閣三層。閣上均設勾欄、屋檐。極頂爲攢尖頂寶刹。兩側塑有拂菻牽獅馱寶瓶。刹上色釉除吞口外，以孔雀藍爲多。垛殿上的琉璃與主殿近同，行龍鱗甲密緻，蜿蜒於怒放的花卉之中。鴟吻與吞口之上雕小龍盤曲前伸，較官式捲尾劍把式靈活。城隍殿和左右垛殿上的琉璃構件是嘉靖二年(公元1523年)壽陽縣劉時昇等人製作，與榆次城隍廟影壁同出於一師之手；東西配殿上爲嘉靖二十七年(公元1548年)介休義常里匠人喬登等造。均用白坩土作胎，施五彩釉，捏工純熟精細，釉色艷麗明亮，相互比較以劉氏之作爲上。

　　靈石資壽寺天王殿上的琉璃飾件，吻式秀麗，脊刹簡練，所塑花卉繁茂，龍形不拘一格。脊中獅頭人體異獸作戲繡球狀，獸面人體異獸長着翅膀欲飛奔。脊上飛馬武士氣勢奔放。這些飾件均用紅黏土作胎，脊座和脊刹上的板壁、寶瓶等施孔雀藍釉，扣脊瓦施翠綠釉(亦稱孔雀綠)，脊筒吻獸釉面多爲黃、綠兩色，可能由於底胎土質關係或火候不達，脫釉現象較爲普遍，但捏工精巧，是這一時期琉璃藝術中較好的作品。根據垂脊橫牌內題記(圖二五)，爲嘉靖三年(公元1524年)喬志旻、喬石蘭等人燒造的。其藝術風格與廣勝上寺地藏殿有許多雷同之處，而且地域鄰近，匠師姓氏相同。當地老者相傳，洪洞公孫村喬氏明初徙居介休，該殿之作也許是喬氏分支之嗣傳。

襄汾縣（原汾城縣）城隍廟城隍殿上的琉璃，亦是嘉靖初年重修時所製。脊部塑龍鳳、大鵬鳥及化生童子，怒放的花卉穿插其間。脊上飛馬武士十二軀，除略有殘損外，其原作風韻尚存。垂脊下端塑行龍一條，軀體粗壯，四肢伏於脊端雲頭。紅黏土作胎，施五彩釉，釉面剝落甚多，許多部位坯胎底色已敞露在外。雖無匠師題記，但構件形制和藝術手法與洪洞廣勝上寺地藏殿、靈石資壽寺天王殿相近似，又都爲同期遺物，可能此處琉璃也是洪洞喬氏之作。

今存山西省博物館的綠釉蹲獅，項帶銅鈴，尾毛貼體，足下撫着幼獅，豎耳怒目。獅背飄帶兩頁，上有"大明嘉靖五年"（公元1526年）字樣（圖二六）。施黃、綠色釉，以綠釉爲主，釉面透亮，色調深沉，是我國琉璃藝術隆盛時期的精品之一。

汾陽南關關帝廟獻亭、關帝殿和垛殿上的琉璃，是嘉靖二十四年（公元1545年）的遺物。獻亭三間，捲棚歇山式屋頂，兩山封壁全爲琉璃貼面。上雕山石、涵洞、人物、馬匹、流雲、花卉等。規模雖不算大，雕造工藝頗精。黃、綠釉爲主，兼施白、醬、赭、黑等色釉。可惜局部殘壞。關帝殿上琉璃保存較爲完整，脊身兩側多塑"龍串富貴"。吻身偏高，小盤龍自吞口纏繞至吻尾頂端，身體偏長，盤曲如扭。垂脊下端行龍伏於雲端，昂首翹尾雙角伏體作奔馳狀，龍鱗和雲頭施瓜皮綠釉，光亮醒目。脊刹背面立牌內有題記"大明嘉靖二十四年（公元1545年）五月吉日造"，牌邊孔雀藍釉色艷麗晶瑩。主殿兩側各有垛殿三楹，爲同時所造。殿上琉璃飾件造型、釉色皆佳。鴟吻爲一條巨龍盤曲而成，上半部與永樂宮三清殿元代鴟吻近似，但總體形狀較元吻矮小，腰部略顯臃腫，在明代吻獸中自成一格。脊刹中塑門樓一間，柱額、斗栱、瓦頂及門扉、門鉢、門釘皆完好無損，門釘上金黃色釉至今閃閃發光。刹上塑獅子三軀，皆馱寶瓶。三拂菻側身挽手牽獅，形體勁健，神韻自如。綠釉鮮亮，光澤透明，火候、工藝皆精。

嘉靖期間文水馬東都琉璃匠張穗、張守善、張守能等人的作品較多。除正德十七年（實爲嘉靖元年，公元1522年）太谷淨信寺毗盧殿和嘉靖十九年（公元1540年）北京智化寺琉璃香爐外[18]，太谷圓智寺觀音殿、地藏殿、大覺殿、太谷淨信寺山門、天王殿、東西配殿、鐘鼓二樓和晉祠獻殿、聖母殿等處琉璃也都是文水馬東都張氏所製，且均留題於作品上。圓智寺觀音殿和地藏殿上的琉璃，根據脊刹背面題記，同爲嘉靖十二年（公元1533年）所製。觀音殿上的鴟吻吞口較大，背獸偏小，吻上盤龍代替了吻身吻尾，既不同於官窰中捲尾劍把吻形制，也不同於小盤龍依附於吻身凸起前伸的式樣。脊正面突雕行龍串游於牡丹之中，背面平素無飾。當心脊刹上部殘壞，僅留馱瓶獅子及刹座。地藏殿上的鴟吻兩品合成，吻身較矮，小盤龍蹲於吻上，頭尾皆向前伸，猶

二五　靈石資壽寺天王殿垂脊題記

二六　山西省博物館藏綠釉蹲獅飄帶上題記

如坐龍。脊筒雕飾和脊刹部份與東配殿略同。均用坩土胎，胎質略糙；黃綠色釉，兼施少量白、藍、赭、醬等色。大覺殿是圓智寺的主體，殿上琉璃富麗完整。鴟吻五品合成，形制壯觀，色彩絢爛，吞口鼻唇長而捲曲，小盤龍騰空前伸，龍尾纏繞於吻身，給人以盤曲蠕動之感。脊側雕龍、鳳、花卉，兩端還塑有化生童子。脊背上有仙人、武士、押魚、海馬、海獅、麒麟、狻猊等小獸。垂脊行龍作蹲臥式。脊刹下部爲殿閣形龕，上置兩層基座和獅馱寶瓶。背面立牌內題記"因□□□□田□年三月造文水馬東都琉璃匠張穗男張守善"。據碑文所載，觀音、地藏二殿與大覺殿同年重修，大覺殿在三月造，觀音殿、地藏殿於五至七月造。

　　晉祠聖母殿和獻殿上的琉璃，塑造技法又有獨到之處。除吞口外幾乎全部行龍都是合着嘴巴，獠牙切於唇外，樣子十分兇猛。捲尾劍把式大吻，兩側各伏小龍一條。龍角竪起，劍把偏外，與官窰鴟吻略異。脊刹吞口和門樓之上，三軀獅子皆馱着寶瓶，瓶內上下貫固三面鐵刹。脊身雕行龍串於花束之中。橫眉怒目，鱗甲緊皺。垂脊下端之垂獸僅及龍體前半部，項下略長，貼身塑有兩隻前足，呈奔騰狀。我國垂檐式殿閣，多在下層檐後尾設博脊一週，轉角處多施合角吻，用吞口拐角銜接。惟此殿奇異，雕半截行龍昂首外伸，形制甚殊。獻殿鴟吻較高，小龍自吻角盤繞於吻尾之上，縮頸閉嘴，略顯沉靜。脊刹立牌兩側雕流雲和日月星辰；立牌上塑刹座、蓮盤、山石和獅馱寶瓶，瓶中貫有月牙和鐵刹。牌內有題記"大明嘉靖二十八年八月十五造"(圖二七)。

　　晉祠金人臺正中置琉璃樓閣一座。閣高約3.85米。下部磚砌臺基，雕飾龜背和富貴不斷頭圖案；座上設琉璃勾欄圍護。樓閣四週圍廊，廣、深各三間，平面近正方形。閣爲單檐歇山式，樓身中空，正中壼門敞朗。門側雕有斜櫺隔扇，門上捏製橫披花卉，柱上額枋重叠，四角套獸翼出，樓頂瓦壠、脊獸完好。用粗坩土作胎，施綠釉，兼用少許黃、藍色彩，比例適度，製作精工。雖無年款題記，但形制、釉色和工藝與聖母殿，獻殿琉璃無異，蓋屬文水馬東都匠人張穗等的作品(圖二八)。

　　五臺山圓照寺毗盧殿二層檐下博脊上的琉璃菩薩、金剛和羅漢，是明嘉靖時期(公元1522—1566年)琉璃造像中的一批優秀作品。菩薩爲半結跏坐式，面形圓潤，神態嫻靜，頭戴花冠，袒胸露腹，項環雲牌垂於胸前，背後奇峰懸石如龕。龕爲深綠釉，造像多黃色。金剛兩軀，上肢殘缺，面部肌肉隆起，頭部微側，眼神貫注於前沿下隅。羅漢皆爲過江式，下部脊身施藍釉，內雕江水波紋。黃釉羅漢或行於水中，或負於龍背，或立於仙橋，或騎於獸脊。獸類分別有馬、麟、牛、豬、蟹、龜、螺、龍等。羅漢神態各異，是一批極富寫實性的作品。其中老少尊者和布袋羅漢，造型最佳。前者立於仙橋之上。少者僧衣僧帽，雙手捧物，舉目仰視，神情恭謙。老者右手扶於少者肩

二七　晉祠獻殿脊刹立牌內題記

二八　晉祠獻殿脊刹束腰題記

背，左手握於胸前，身勢微躬，雙目凝視，面部皺紋，肉髻凸出。布袋羅漢站於螃蟹之背，身短粗壯，肌肉豐盈，袒胸露腹，布袋挑於肩後，張嘴露齒，笑容切切。一般來說，宗教造像有着不可逾越的格局，圓照寺毗盧殿上這批琉璃造像在很大程度上是突破了這個範疇的，表現出強烈的時代特徵和生活氣息。這不僅在琉璃造像中，就是在我國明代雕塑中也是很成功的一批藝術作品。

長治城隍廟玄鑒樓、舞臺、獻亭、城隍殿、後殿等建築上的琉璃，幾乎全部都是嘉靖年間的製品。三個屋頂脊刹背面均有明嘉靖三十四年(公元1555年)題記。玄鑒樓上的琉璃，缸胎，黃綠釉。正脊上的雕龍，游串於蓮花之中，曲折蜿轉，姿勢各不相同。脊刹上部殘壞，僅存刹座。北面立牌內留有"嘉靖乙卯(公元1555年)"題記。南向二吞口之間雕羅漢一軀，側身而坐，俯首含笑，右手撫於耳側，似爲睡眠羅漢。兩端塑劍把式捲尾吻，比例略顯高，吻上貼塑小龍一條，頭尾不向外伸，似乎受官式大吻的影響所致。舞臺上的琉璃製品尤精。綠釉與玄鑒樓近似，黃釉較深，已近赭黃色。吻上小盤龍與流雲交織在一起，仙人騎於龍背，前足之下塑有探首仰望的鬼卒。正脊和垂脊上堆塑行龍於牡丹之中。龍蜿蜒曲折，與垂獸閉嘴昂首之式儼然不同。後殿上的琉璃，釉色與玄鑒樓略同。 吻上小龍四足分置作爬伏狀，形制與衆不同。脊中正面雕釉色各異的行龍六條，有黑色、黑藍色、鐵黑色、紫黑色、黃色、綠色等六種。在一座殿堂上，龍鱗釉色如此之多是很少見的。

嘉靖三十八年(公元1559年)重修翼城四聖宮大殿和舞臺。大殿正脊上的飛鳳、蛟龍，舞臺上的鴟吻、背獸等等均爲同時燒造。其龍鱗細密，首小，足有三爪，仍沿襲元代風格。垂脊下端龍獸前伸，僅及前半截，後部與垂脊相連。坯胎質糙，黃綠釉局部剝落，但釉色仍鮮亮潔淨。

芮城永樂宮玄帝廟[19]正殿上的琉璃，爲嘉靖四十二年(公元1563年)所造。大吻盤曲臃腫，捏工精細，小盤龍佈滿了整個吻身，脊身花卉繁茂，行龍蜿蜒其中。脊上左右皆設獅馱寶瓶，協調對稱。垂脊上花束行龍堆塑尤密，幾乎無間隙可尋，下端垂獸尾部竪起，似欲飛騰。正脊正中設勾欄和門樓三楹。門樓爲單檐歇山式，明間凸起，柱額、斗栱和瓦頂脊飾皆備，比例適度，製作工精。紅膠泥胎，黃綠色釉，可惜釉面剝蝕甚多。殿頂兩山博風板和封山壁部份，全用琉璃製品鑲嵌。博風素面，醬黃色釉。三角形封山壁上塑二龍戲珠圖案，下隅雕海潮及瓊島，上部塑流雲及日月星辰。雕造細密，手法洗練，當是名師之作。

晉祠景清門[20]上明嘉靖四十三年琉璃製品，是文水馬東都琉璃匠張苓和太原縣琉璃匠張天福燒造的。細坩土製胎，黃、綠、醬三彩釉色。綠釉之中又分深綠、淺綠和翠綠三種。殿頂四週綠釉溝滴剪邊。鴟吻上部小龍盤踞，龍鱗醬黃色，深沉凶猛。脊中吞口之間雕花卉與立牌。牌內正面刻佈施人姓名，背面留有製作年款與匠師題記。牌上置方形刹座，由四根小倚柱支擎龜脚平臺和仰蓮。極頂爲一單檐歇山式小屋。整個脊刹簡潔秀美，釉色艷雅。

解州關帝廟端門前琉璃影壁，也是嘉靖年間的作品。壁寬13米，高6米。下設束腰須彌式基座，中雕壁心，上部飾以瓦頂。除壁端垛牆和束腰以下爲磚砌外，壺門、瓦頂和整個壁面全用琉璃製品鑲嵌而成。粗缸胎，五彩釉，除黃、綠二色外，還施有醬、赭、藍、白、黑等色。壁身下部因潮濕受損，局部剝釉，坯胎也有些風化。壁上雕刻以龍、麟、花卉爲主，盛開的牡丹居中，上雕火燄寶珠一枚，左右兩條龍盤曲上昇作戲珠狀，外向兩條行龍折首回視，上部二麒麟拱背縮足，仰首望日，四週以山石、樹木、流雲、花卉、武士、仙人、童子、飛鳳、仙鶴、獅子、猛虎、馬匹等各種形象相襯。人物之中騎乘、侍立、祈求、仰臥、甜睡等，各盡其妙。動物之中或奔馳、或仰望、或回首、或靜聽、或狂吠、或飛翔，無一雷同。匠師們運用自己的高超技藝，賦予它們藝術的生命，成爲不朽的傑作。廟內重修碑文載述，明嘉靖三十四年(公元1555年)地大震，建築毀壞，隨即重建。根據現存影壁琉璃釉色工藝和龍、麟、花卉、人物等造型風格分析，應是嘉靖後期重建廟堂時的作品。

嘉靖時期在小型琉璃製品中，有樓閣、供桌、碑碣、獅子、香爐、蠟臺、花瓶、坐龍、魚缸、花罐、神像等等，品類之多，不勝枚舉。其間又有許多三彩、琺華器皿出產，豐富了山西的琉璃藝術。其中三彩琉璃獅子、黑藍釉琺華罐、孔雀藍隱花罎、黃綠釉琉璃香爐、黃綠釉龍鳳香爐、黃綠釉盤龍蠟臺、三彩鳳吻等等珍品，雖無燒造題記，但從造型、風格和工藝手法上看，不應是嘉靖以後的作品。三彩琉璃獅子釉色艷雅，獅背上有安裝寶瓶基座的孔洞，該是原來殿堂脊剎上的部件。獅形張口豎耳挺立，拂菻用力牽引，繮繩自左手經雙肩挽在右腕上，兩腿弓立，身式傾倚。其工藝之精，非名師莫及。黑藍釉琺華罐，花紋圖案全部用泥漿瀝粉後施釉燒成，黑底藍花，間用少許黃色，釉色濃鬱秀美。孔雀藍隱花罎，短頸鼓腹，隱塑寶相花和卷草紋飾，缸胎潔淨，釉色艷麗，是明代琉璃器皿中的佳品。黃綠釉琉璃香爐，衝耳，三足，足上雕獸面，口邊以連珠裝飾，頸部堆塑飛鳥，爐身前後各塑牡丹一朵，左右兩條黃龍游串於花卉之中，以草綠色釉為主，黃釉僅飾龍鱗，色澤微淺，塑工精巧。黃綠釉龍鳳香爐，衝耳已殘，三足略偏腹外，足上各雕一獸面，爐沿雕二龍戲珠，項下為丹鳳朝陽，腹部塑龍串富貴。整個香爐玲瓏剔透，釉色雅麗光亮。黃綠釉盤龍蠟臺，中雕牡丹一朵，頸部塑寶珠一枚，左右兩條盤龍上行戲珠，圖案略顯繁縟，釉色深沉古雅。三彩鳳吻為捲尾劍把式，吻身兩面各塑鳳凰一隻，展翅欲飛，黃、綠、藍三彩釉色晶瑩，在我國明代鴟吻中獨具風韻。大同市博物館內陳列的黃綠釉坐龍和盤龍琉璃缸，都是從市郊西寺遺址中移來的。缸形粗壯，口邊圓楞鼓起，下部塑海潮，上部塑盤龍牡丹。一對坐龍形如蹲獅，胸部突出，前足及地，頸項曲折，龍首前伸，閉嘴瞋目，造型與雕塑、繪畫上常見的坐龍不同。均用粗坩土作胎，施黃綠色釉，捏工熟練，釉色典雅。長治市博物館展廳內的琺華罎，是山西琺華器皿中的傑作。罎出土於長治市東郊 5 公里羅家莊明墓，雖無燒造紀年，但從造型、工藝和釉色看，應是嘉靖時期的遺物。高0.43米，小底、鼓腹、短頸。壇下有基座和蓮瓣，頸部刻有龜背紋飾，腹部鏤飾太子出行圖案和卷草、流雲、壺門等，鏤刻部份大都透空，人物花卉裝飾皆用瀝粉凸起邊沿線道，外施綠、藍、紫、白等多種釉色，雕造之巧在琺華器中實屬罕見。

　　隆慶時期(公元1567—1572年)，雖為時短暫，但琉璃遺存還是不少。已知有紀年者有太谷圓智寺前院西配殿、陽城東嶽廟、海會寺、介休淨土寺、太原崛嵲寺和現存故宮博物院的晉城彌勒院獅子等六處。其中崛嵲寺與淨土寺在十年浩劫中毀壞嚴重，其餘基本完好。東嶽廟的琉璃是隆慶元年(公元1567年)建造的，遍佈於獻亭、齊天大帝殿、寢殿頂上，造型秀美，色澤富麗，是優秀遺作。其中獻亭三間，十字歇山式屋頂，鴟吻略瘦高，由吞口向上製成吻尾，一條巨龍貼塑於吻身兩側。卷草圖案每面四幅將脊身間隔成兩個長形方心，行龍穿於其間。用白坩土作胎。脊身施深藍釉底色，突雕淺藍釉卷草和行龍。龍形蜿蜒，釉色艷雅，在已知明代琉璃作品中可謂孤品。垂脊下端分置八隻垂獸，全為半截蛟龍，黑色釉鱗，孔雀藍毛髮，兇險逼人。齊天大帝殿是東嶽廟內主體建築，廣五間，深六椽，懸山式屋頂。殿頂脊飾、吻獸、方心、溝滴、博風、懸魚等，均用白坩土製胎，施五彩琉璃釉。其正脊兩側滿飾花卉、龍鳳。鴟吻為捲尾劍把式，小盤龍爬行上昇，欲吞吻尾寶珠。其形狀、手法與長治城隍廟大吻近似，或許同出自陽城喬姓匠師之手。排山溝滴上雕連珠花邊和盤龍圖案；博風板上塑流雲和行龍；懸魚上浮雲滿佈，坐龍垂於其間。四條垂脊底色皆施翠綠色釉，兩側塑化生童子二十四個臥於纏枝牡丹之間。童子體態豐盈，着白色釉，垂脊下端以綠釉麒麟為垂獸。殿頂脊剎上原有三間重檐歇山式琉璃樓閣一座，前檐明間凸起，歇山向外，檐下斗栱五鋪作，規整完備。閣中板壁刻有琉璃製作年代和匠師姓名"本縣通濟里匠人喬世富同侄喬永豐大明隆慶元年(公元1567年)造"。後閣身坍塌，為縣文化館及時收藏保存。東嶽廟後部寢殿上脊飾琉璃，多用卷草製成方心，內塑牡丹、蓮花和行龍。鴟吻兩側小龍毛髮和龍角貼於頸上，身後劍把作成月牙式。全用坩土為胎，施五彩釉。鴟吻吞口處孔雀藍釉十分醒目。

　　陽城海會寺，又名龍泉寺，寺內現存磚塔兩座。其中舍利寶塔腰間設琉璃樓閣一層，形狀奇異，是我國塔中罕見的一例。塔高約57米，八角，十三級，為隆慶二年(公元1568年)造。底層圍建八角形城牆；第二層以上均用磚砌；第九層腰間人物雕刻等用五彩琉璃藝術製品鑲嵌安裝；第十層支出平座勾欄，各角矗立擎檐柱一根，柱上設雀替、花罩與椽枋相連接，形成圍廊。其勾欄、廊柱、花罩、雀替等，亦用五彩琉璃為之，成為高塔中一層精緻的琉璃樓閣。結構之奇，在我國數千古塔中，僅此一例。除此之外，介休淨土寺內原有琉璃小塔一座，高及 4 米，為隆慶四年(公元1570年)遺物，十年動亂中被破壞，現已運回介休縣博物館保存。

　　萬曆年間(公元1573—1620年)的琉璃遺存遍及山西全省。除精巧玲瓏的日用器皿、供器、隨葬品等小型作品外，宏偉壯麗的建築群、高塔等已知有紀年的優秀作品就達二十餘處。其中太原市楊家村彌陀殿屋頂琉璃、陽城東關關帝廟影壁、文水馬村洪福寺脊飾、孟縣城隍廟影壁、平遙城內武廟吻獸等處，在十年浩劫中被毀成瓦礫，但現存遺物中仍不乏優秀之作。

太原市純陽宮殿堂、樓閣、亭臺、坊廡等各式建築一百二十餘間，屋頂幾乎全部用琉璃鋪蓋，規模宏大，技藝精湛，迄今完好無損。全用缸胎、翠綠釉，脊身素平，局部飾花卉。脊上留有“萬曆三年（公元1575年）六月造”和“文水縣馬東都琉璃匠張守仁男張元”的題記。

陵川眞澤二仙宮四座殿宇和梳妝樓頂上，保存不少琉璃製品。中殿脊身塑行龍花卉，兩端矗有捲尾劍把吻，吻身偏低，略仿官窯之制。梳妝樓上大吻由一條盤曲巨龍塑成，呑口爲首，身尾蜿蜒略向前竪起，較官式劍把吻靈活。垛殿和後大殿上琉璃近似。正、垂各脊雕龍串富貴圖案，下端各置獸頭一枚。鴟吻兩側雕流雲和盤龍，龍形曲折，仍襲嘉靖規制。吻尾偏長，由三爪龍足翹起而成，造型新穎，爲前代琉璃中所未見。由此開創了明、淸山西境內龍足伸成吻尾之制。刹座下部立牌內有“大明萬曆拾一年（公元1583年）七月”題記（圖二九），鴟吻背上留題“山西澤州府陵川縣西關□匠人王寒”。

汾陽太符觀山門上的琉璃團龍和脊飾，是萬曆十一年（公元1583年）重修廟觀時所造。山門三間，牌坊式。門兩側各砌影壁一座，壁內塑圓壇，壇內下部飾海水翻浪，上部雕蓮花和牡丹，兩條盤龍一昇一降作戲珠狀。缸胎、黃綠釉，捏工細膩，釉色純正，是萬曆年間團龍中的上乘之作。

長治東泰山廟，保存着這一期間寺廟殿宇琉璃遺物的精華。泰山廟規模宏大，建築壯麗。其山門、閻王殿、土地殿、鐘鼓樓、小鬼樓、舞臺、關帝殿、子孫殿、獻亭、東嶽殿、善女殿、聖母殿以及東西廊房和左、右兩廡等二十餘座建築，幾乎全部用華美的琉璃飾頂，工程之巨，製作之精，均屬罕見，是長治郊區一處藝術寶庫。東嶽殿琉璃是其藝術代表。殿頂脊身正面雕行龍十條、飛鳳四隻，分別施黃、褐黃、黑、黑藍、墨綠等數種色釉。垂脊下端塑浮雲凸起，雲中雕袒胸合掌的羅漢立像。一條蛟龍爬伏脊端，仙人騎於龍背。脊中寶刹於呑口之間立牌一面，內刻“大明萬曆十九年（公元1591年）五月吉”。其上平臺雄獅馱着一小牌和寶珠，獅首殘缺，獅背上有一小牌爲崇禎十年（公元1637年）時修葺殿宇的題記。兩隻高大的捲尾劍把式鴟吻，矗立正脊兩端。劍把上雕鏤三浮雲圖案，捲尾處凸起黑釉寶珠一枚，戲珠小盤龍貼於吻側，仙人手持法寶騎於龍背。全用白坩土作胎，着黃、綠、白、藍、黑五彩色釉，其中黃色就有淺黃、中黃、褐黃，綠色又有墨綠和瓜皮綠之分。色彩斑爛，釉質晶瑩。無論造型、工藝、釉色，均顯示了匠師的非凡造詣。

萬曆年間太原崇善寺盛況空前，淸末寺內大部份建築被焚毀。十年浩劫前寺內尚存萬曆年間所造香爐三尊。其中一對藍釉香爐刻有銘文“……萬曆十三年（公元1585年）起工每年造夔獸香爐一處供佛至今十年完成……”，可見當時除葺補殿宇，還燒造香爐祭奠。現在殿內僅存缺耳香爐一尊，爐爲三足，足上部刻獸面，沿口刻卷雲一週，腹部雕龍和牡丹。粗紅坩土胎，綠釉，釉面偏薄，光亮不足，但造型尚佳。

五臺山獅子窩琉璃塔，又名萬佛塔，是中臺山腰楓林寺的主體建築。塔高35米，八角十三級。表層、塔檐、斗栱、椽飛、瓦頂等，皆用琉璃藝術構件鑲嵌。表層可見琉璃佛像九千一百七十六尊，皆雕小龕結跏而坐，塔身綠釉，佛像黃色。塔下部爲石砌束腰須彌座，第一層正南面開門，有階梯繞週而上，各層均有券洞透光。第五層內壁東隅鑲有琉璃題碑一塊“直棣眞定府定州城西忽村里碾子疃居住造塔匠役名列於後計開塑造伏（佛）相（像）典翠琉璃壘建寶塔領作匠人王慶孫男王良棟男王仲武徒弟徐友甫侯繼成張自誠萬曆二十七年（公元1599年）春季月吉日起三十二年（公元1604年）完”（圖三〇）。這證明萬佛塔施工期長達六年之久，領作匠師是河北正定王姓匠人。

太原晉祠廟內鐘、鼓二樓上的琉璃，爲萬曆三十四年（公元1606年）所製。樓下築有高臺，樓身四面敞朗，樓頂十字歇山式。四隻龍吻對稱，八條垂脊協調，中心處備四向呑口，脊刹騰空。鴟吻腰部有荷葉式兩翼，小盤龍自呑口爬上極頂，腰部隱於吻中。中心脊刹在呑口之間雕方亭一座，亭四角竪倚柱，四向雕壺門、券栱、門扇、門釘、門鉢等，上有額枋、斗栱、瓦頂，承寶珠和鐵刹，造作工藝極精。均以坩土爲胎，着黃、綠色釉，綠色偏藍，已近翠綠色調。與此造型、風格相同的還有晉祠聖母殿內的供桌　雖無紀年，應是同期遺物。桌長3.58米，用黃、綠釉琉璃鑲嵌而成。上下立旌之內雕牡丹花卉，中間圖案六方，側兩方爲龍串富貴，中四方爲文武官員騎馬

二九　陵川真澤二仙宮刹座題記　　　　　三○　五臺山楓林寺琉璃塔題記　　　　　三一　陽城壽聖寺琉璃塔題記之一

奔馳於山石、叢林之中，形象神態各不相同。

　　大同市西郊觀音堂三龍壁，位於山門前公路北側，壁身兩面全用琉璃製品鑲嵌。壁高6.68米，長11.7米。基座除蓮瓣外，束腰兩層皆用立旗橫鈴間隔，內雕壼門，上層塑二龍戲珠圖案，下層雕獅、麟、鹿、象、牛、羊、獬、猊等動物。壁身兩面各雕巨龍三條，中間坐龍略小，北面兩側雕降龍，南面兩側塑昇龍。龍折轉迴旋，施褐黃色釉，襯藍色山石和流雲，下面浮綠釉海潮和翻騰的浪花。瓦檐下斗栱密緻，有額枋而無垂柱，瓦頂上裝吻獸，脊身素平無飾。無論其形狀、手法和釉色，均與興國寺五龍壁[21]相近。據寺內碑文與誌書記載，觀音堂為遼重熙六年(公元1037年)建，明宣德三年(公元1428年)補葺，萬曆三十五年(公元1601年)重建。根據龍壁造型和製作工藝分析，應是萬曆重建時的作品。

　　陽城壽聖寺塔，塔身平直，收刹甚小，平面八角形，十級，高27米。塔下束腰須彌座兩層，皆為石砌，塔身壁面及屋檐，全用五彩琉璃藝術構件鑲嵌裝飾。塔內中空，可拾級而上，每層闢有券洞通風透光。塔身雕刻除倚柱、額枋、斗栱、屋檐、博脊、平座、雲板等琉璃構件外，各層壁面和龕內還嵌有各種琉璃造像。其中有十六尊者，十八羅漢，文殊、普賢、地藏、觀音四大菩薩，帝釋天、梵王天、三世佛、三身佛、四方佛、釋迦佛、毗盧佛、彌勒佛、藥師佛、阿閦佛、三大士、西方三聖、華嚴三聖、十殿閻君、十大弟子、十二圓覺、十大明王、吉祥天、婆藪天。龍女、夜叉、善財童子以及五臺山、峨眉山、普陀山、九華山四大佛教聖地等等。各層門洞之外和佛龕兩側，皆塑有護法、韋馱、金剛、天王或脅侍菩薩之類。可以說，在琉璃藝術品中，壽聖寺塔集佛教造像之大成。其塑造極為精細，在面形、神態、衣飾等方面堪與同期泥塑造像媲美。塔身琉璃施黃、綠、藍、黑、紫五彩色釉，釉色艷麗，光澤晶瑩。其中綠色又分深綠和瓜皮綠，藍中又有中藍和孔雀藍。二、五兩層以黑、紫釉為主，八層以藍釉為重，其他層以黃、綠釉居多。色調的交錯變換，使壽聖寺塔五光十色。塔身一層門洞左側藍釉琉璃上留有題記一方"大明萬曆三十七年(公元1609年)五月二十二日陽城縣匠人喬永豐男喬常正喬常遠"；五層南向門洞左側嵌有綠釉琉璃題記一方"劉村里……施銀貳拾伍兩募緣僧慧海大明萬曆丙辰歲(四十四年，公元1616年)仲夏吉日立"(圖三一)。兩處題記年代相隔八年，這應是塔的施工期。塔身六層門洞左側題有李少白詩一首："琉璃寶塔創陽陵，天賜喬公來贊成。白手塗形由性慧，紅爐點色似天生。神謀不爽魁三晉，巧製無雙冠析城。巨業落成垂千古，君名高與碧雲鄰。"此詩高度評價了喬永豐等人的工藝和成就。

　　介休空王祠正殿，殿宇不大，但琉璃脊飾極為豐富。其吻身低矮，吞口內塑寶珠一枚，小盤龍端坐其上代替了吻尾，鱗爪豎起，毛角橫飛。脊身堆塑繁多，行龍折首，牡丹怒放，大鵬展翅，鳳凰欲翔。脊上飛馬武士體態矯健，奔馳如飛。脊剎於吞口之中設立牌兩面，中塑二層樓閣一座，閣內各塑坐像一軀。兩側吞口上雕獅馱寶瓶。脊剎正中二層樓閣頂上塑蓮花座，其上雕疊置的黃、綠釉寶瓶，中間有寶蓋和朱紅色寶珠間隔，寶瓶兩側裝飾火燄，中心加鐵剎貫固。牌內題字分左右兩則，左記"萬曆四十一年(公元1613年)三月十五日吉造"；右爲"皇帝萬歲萬歲萬萬歲琉璃匠人喬汝珍喬天斟喬天常喬天恩"。此殿廊下兩側竪有孔雀藍釉琉璃碑兩通。碑通高3.28米，方座螭首，綠釉基座，藍釉覆蓮瓣壓邊。碑身正、背兩面，皆在底胎之上墨書文字，然後覆蓋藍釉。釉色透明，字蹟清晰。左碑題額爲"空王古佛"，右碑額書"勅建空王書祠碑記"。碑文載述萬曆三十三年(公元1605年)寺僧集資籌建空王佛殿，至四十一年(公元1613年)工程告竣，並立碑記事。碑文末行書"琉璃匠喬京喬天恩喬天科喬汝眞……"，與大殿同爲介休喬氏之作。我國琉璃製品大多爲建築物上的吻獸、脊飾，常見的還有龍壁、寶塔、佛像、獅子、供器，此外是衆多的日用器皿和隨葬品。用於碑刻記事者，僅介休空王祠一例。

襄汾靈光寺琉璃塔，平面八角形，原爲九級，現塔頂損壞，尚存七級。塔下基座埋入地下，圍廊廊沿已毀。塔內中空，可登級而上。塔身磚砌，各層有券洞供採光和通風。各層塔檐上下，額枋、垂柱、花替、斗栱、瓦頂、博脊、平座等各種構件均用黃、綠釉琉璃雕造鑲嵌。塔底基座石碑刻有"大明萬曆四十二年(公元1614年)歲次甲寅中秋吉旦……修建佛圖寶塔"，記載了建塔的確切年代。塔身第一層東北面，雕飾綠釉麒麟一隻，右下角刻有"陝西朝邑縣趙度鎮琉璃匠侯仲學男侯尙才侯尙仁侯尙眞"。這是第一次發現陝西朝邑匠師的題記。

萬曆年間著名的琉璃製品還有翼城關帝廟龍壁、沁縣原關王廟的一對琉璃蹲獅[22]、沁縣東郎壁村聖天寺鴟吻、大同興國寺五龍壁、太原多福寺觀音閣的琉璃鴟吻、雙耳盤龍瓶、清徐縣文廟影壁、長治玉皇觀的琉璃飾件、山西省博物館藏品三彩盤龍香爐、黃藍釉盤龍香爐、黃綠釉奠池、盤龍揷花瓶、盤龍甕棺、運城縣博物館藏品盤龍雲罐、長治博物館藏品綠釉靠背轎椅、西離坡公和尙塔棺以及長治東郊明墓出土的各種琉璃隨葬品等等。其造型、工藝、釉色，均各具特色，無一雷同，反映了萬曆年間山西琉璃藝術的高超技藝。

明末天啓至崇禎期間(公元1621—1644年)山西琉璃業開始呈下降趨勢，作品上留題匠師姓名也顯著減少。衹因民間匠師世代傳襲燒造琉璃的工藝，纔使一些較好作品留傳後世。

洪洞廣勝寺飛虹塔原無塔下圍廊，建塔九十四年後營造塔廊。圍廊隨塔式建造，平面八角形，每面三間，全部瓦頂構件都是琉璃製品。圍廊瓦頂靠近塔身處，設博脊一週，轉角處安角吻，向外砌戧脊、岔脊和獸頭。脊上塑有龍鳳花卉，吻爲捲尾劍把式，吻側無小盤龍，而堆塑藍釉或綠釉小獅子各一隻。獅形健壯圓潤，在已知的鴟吻中，這種雕飾還是少見的。圍廊正南面入口處，建有一座與圍廊相連的龜須座樓閣。閣身三層，重檐十字歇山頂，瓦檐之上滿飾琉璃飾件。鴟吻盤龍奇巧，脊身堆花玲瓏，脊剎與寶瓶之上塑一仙人侍立。仙人身體修長，雙手拱於胸前，衣帶飄曳。這種裝飾放置在脊剎上也屬罕見。圍廊梁架上留有"旹(時)天啓二年(公元1622年)歲在壬戌仲冬之月……修建"的題記。坯質缸胎，施黃、綠、藍三色釉。部份綠瓦上泛鉛後積彩翳一層而變綠釉爲淡白色。

平魯縣境坪鎮九龍琉璃壁，也是這一時期較好的作品。壁高6.5米，長27米，下部刻有"大明天啓五年(公元1625年)"款。其規模比大同九龍壁爲小。可惜十年動亂中毀壞，僅留殘跡。

崇禎年間(公元1628—1644年)的琉璃製品，除崇禎三年(公元1630年)宋德士燒造的陽城壽聖寺香爐[23]早年被古董商買走外，還有沁水府君廟前殿、代縣聖母廟正殿和五龍壁、太原萬壽庵大佛殿、隰縣小西天大雄寶殿等建築上的琉璃構件留有紀年。

沁水府君廟前殿，三開間，懸山式。殿頂的三彩琉璃造型和釉色均較盛期作品遜色。鴟吻施藍釉，小盤龍爬於吻側，龍形粗壯。脊上行龍曲折較小。脊剎背面有題記爲崇禎元年(公元1628年)陽城匠人喬常興等人燒造。

代縣北關后土聖母廟，殿堂已毀，殿頂脊剎立牌尚存，內有題記爲"大同府琉璃匠張天雲蘇應牟張□□崇禎七年(公元1634年)七月"。我國琉璃製品用在建築上是從魏都平城(今大同)開始。經遼、金到明，大同琉璃業興盛，龍壁工藝冠於全國，所存實物也很豐富。其琉璃匠師必不在少，但從未覓得大同匠師的姓名。此一題記的發現，雖年代較晚，但說明大同地區是有琉璃匠師的。聖母廟前原有五龍琉璃壁一座，清咸豐二年(公元1852年)洪水泛濫,衝壞壁端兩龍,其餘三龍留存至今。壁爲藍釉,上飾流雲,下塑海水,蟠龍浮於其間。當中爲黃色坐龍,四足分置, 毛髮披開, 張口吐呑, 頭尾略殘。左龍施黑紫色釉,降翔式, 頭部殘壞。右龍着醬黃色釉,作昇龍狀, 保存較完整。此龍壁蟠龍形狀均爲竪式,雖是大同匠師所製,却與大同諸龍壁盤曲之式截然不同, 技法也略遜一籌。

隰縣小西天大雄寶殿,爲五開間懸山式,殿頂琉璃捏工精細, 色澤素雅,爲明末琉璃製品之冠。鴟吻造型秀美, 呑口吐舌,背獸竪角, 小盤龍伏臥其上。脊刹在呑口之間塑平座蓮臺, 上置門樓三間。兩次間上各塑一山石寶塔,爲脊刹中罕見之例。明間及兩隅有獅馱寶瓶,瓶內兩側飾火燄形雲耳。正脊兩側堆花凸起,行龍串於其間, 龍姿飛舞, 花卉怒放。脊上塑飛馬武士八軀。均用粗坩土爲胎, 施黃、藍、白、醬、黑、綠等色釉。其中有的黃色近似杏黃,有的藍色近似紫藍,花朵施藍釉着白色邊,格外醒目。脊刹背面立牌內留有題記"大明崇禎拾柒年(公元1644年)立",是明代最後一年的作品。

爲了弄清明代琉璃部件的化學成份,藉以與漢、唐以來釉陶、三彩等琉璃製品相比較,明確其發展脈絡,我們採集了五臺山獅子窩明代琉璃做樣品。經建築材料科學研究院陶瓷科學研究所化驗分析,取得如下數據:

孔雀藍坯體: 二氧化硅(SiO_2)67.34%,

三氧化二鋁(Al_2O_3)21.60%,

三氧化二鐵(Fe_2O_3)3.13%,

二氧化鈦(TiO_2)1.43%,

氧化鈣(CaO)1.35%,

氧化鎂(MgO)1.11%,

氧化鉀(K_2O)1.98%,

氧化鈉(Na_2O)0.85%,

總量爲98.79%。

抗折強度每平方厘米89.425公斤。

坯胎燒成溫度1090°C。

孔雀藍釉: 二氧化硅(SiO_2)44.94%,

三氧化二鋁(Al_2O_3)3.48%,

三氧化二鐵(Fe_2O_3)0.37%,

二氧化鈦(TiO_2)0.054%,

氧化鈣(CaO)0.65%,

氧化鎂(MgO)0.14%,

氧化鉀(K_2O)7.29%,

氧化鈉(Na_2O)4.22%,

氧化鉛(PbO)34.29%,

氧化銅(CuO)3.31%,

總量爲98.744%。

色釉燒成溫度895°C(±45)。

明代很多琉璃作品上留有製作年款和匠師題記。這爲研究工作提供了方便。它比文獻上的記載確切無誤。在調查中,共得明代紀年及匠師題記九十三處計九十八款。現將題記地點及內容抄錄於下:

1.介休北師屯廣濟寺天王殿脊刹正面立牌內:"大明歲次戊辰(正統十三年,公元1448年)丁巳甲子日重修廣濟寺住持滿潮(上)黨琉璃匠喬伯能侄男喬璨本村琉璃匠侯景中侄侯士謙侯□□本 村琉璃匠王士虎王□□"。

2．汾陽文化館蹲獅背部下隅："大明天順五年(公元1461年)吉造"。

3．介休北師屯廣濟寺天王殿脊剎背面立牌內："重修廣濟寺天王殿脊獸吻住持僧滿潮沙門……天順六年(公元1462年)十二月日"。

4．山西省博物館藏蹲獅胸前："天順□□信士李宇段氏男李全李□□□□"。

5．文水馬村洪福寺中殿脊背面立牌內："大明成化元年(公元1465年)五月吉旦介休琉璃匠(以下脫落)"。

6．晉城玉皇廟成化二年(公元1466年)《重修玉皇廟記》碑下隅："……燒琉璃供卓(桌)琉璃匠(河南)修武縣李琮李璉陳景"。

7．靈石資壽寺大雄寶殿脊剎正面立牌內："……義常琉璃匠喬耐男喬智泥水匠陶守盛旹(時)成化十二年(公元1476年)三月二十四日修造……"。

8．太原馬莊芳林寺成化十六年(公元1480年)《重修芳林寺記》碑下隅："琉璃匠賀子鑒賀子寬賀子文賀齊鑒賀子盛"。

9．陽城湯王廟獻亭左鴟吻背面："成化十七年(公元1481年)四(月)琉璃匠喬贇先高老祖子喬鳳喬斌"。

10．陽城湯王廟獻亭垂獸前下隅："本縣通濟廟匠人喬鳳喬斌男喬林"。

11．平遙鎮國寺天王殿脊剎背面立牌內："大明弘治六年(公元1493年)吉造"。

12．長子法興寺菩薩殿脊剎背面立牌內："大明弘治六年(公元1493年)五月吉日造住持功德主性□寬匠人潞州楊虎張治"。

13．定襄洪福寺大雄寶殿脊剎正面立牌內："皇帝萬歲旹(時)大明國弘治七年(公元1494年)歲次甲子孟秋日吉造本村叟人莨"。

14．平遙雙林寺天王殿脊剎背面立牌內："本村(冀壁村)修造善友梁仁梁文杲郝文全武大能高復全武大成本寺住持本信圓穩圓閏圓吉圓寶弘治十二年(公元1499年)八月二十六日琉璃匠張士瑞張惠侯伯意侯伯全侯伯□侯伯林侯恭侯敬侯讓侯旻侯運侯奈侯堅侯慶侯相"。

15．沁水聖天寺大殿脊剎下部屋形龕內："大明弘治十二年(公元1499年)三月十五日潞州匠人雨之四里劉祥劉祿"。

16．洪洞廣勝上寺毗盧殿脊剎背面立牌內："琉璃匠喬志清喬六信喬胄弘治十三年(公元1500年)四月修造"。

17．太谷圓智寺千佛殿脊剎背面立牌內："弘治十四年(公元1501年)孟夏月十四日造"。

18．河曲岱嶽廟岱嶽殿脊剎背面立牌內："發心僧修惠正德元年(公元1506年)重建匠人王大孟夏月十四日造"。

19．平遙南神廟(耶輪夫人廟)正德五年至八年(公元1510—1513年)《平遙縣敬神安民之記》碑陰下隅："杜村里琉璃匠侯敬侯讓"。

20．平遙南神廟(耶輪夫人廟)內西旁院北壁琉璃小碑："本縣杜村里匠人造侯敬侯讓門人張其張置"。

21．晉城青蓮寺獅子尾部："大明正德捌年(公元1513年)吉造"。

22．汾陽關帝廟寢殿脊剎背面立牌內："大明正德拾年(公元1515年)伍月吉日重建介休縣張家里琉璃匠秦富秦貴秦榮長男秦廷璽"。

23．太谷淨信寺後院東配殿脊剎背面立牌內："正德十三年(公元1518年)五月吉日造"。

24．太谷淨信寺毗盧殿脊剎背面立牌內："大明正德拾柒年(公元1522年)六月日造文水馬東都琉璃匠張穗張守善張遷喜"。

25．洪洞廣勝上寺飛虹塔身一層門洞右側建塔碑銘："建塔僧達連襄陵柴村里人少出家有僧行嘉靖六年

（公元1527年）建塔落成工起於正德十一年（公元1516年）也享年六十二歲生於成化五年（公元1469年）八月十四日卒於嘉靖十一年（公元1532年）十月十一日姓王氏……”。

26．洪洞廣勝上寺飛虹塔門洞右側金剛衣襟上：“正德十四　（公元1519年）”。

27．洪洞廣勝上寺地藏殿脊刹背面立牌內：“大明嘉靖元年（公元1522年）五月吉日工畢喬志清喬六信喬胄……”。

28．榆次城隍廟樂樓西側八字影壁左上隅：“……嘉靖二年（公元1523年）季夏吉日造。壽陽縣琉璃匠劉時昇男劉藍劉節劉芳”。

29．介休城隍廟城隍殿脊刹背面立牌內：“嘉靖二年（公元1523年）季夏吉日造壽陽縣琉璃匠劉時昇男劉（以下不清）”。

30．靈石資壽寺天王殿垂脊橫牌內：“嘉靖三年（公元1524年）五月初一日本寺修造僧立□立玠糾首耿志和耿雲馬裕耿宣耿資耿泫翟海耿延匠人喬志旻喬石蘭”。

31．榆次城隍廟城隍殿正脊脊刹龕內：“……大明嘉靖三年（公元1524年）□村吉造”。

32．山西省博物館藏綠釉獅子背飄帶上：左為“大明嘉靖五年（公元1526年）”；右為“歲次辛酉”（嘉靖年間辛酉僅有公元1561年，嘉靖四年應為乙酉，五年應為丙戌。此處恐有誤）。

33．榆次城隍廟玄鑒樓脊刹背面立牌內：“南無阿彌陀佛嘉靖六年（公元1527年）”。

34．已佚琉璃牌位：“誥封代府鎮國將軍仕琢位嘉靖七年（公元1528年）”。

35．太谷圓智寺大覺殿脊刹背面立牌內：“大明嘉靖十二年（公元1533年）三月造文水馬東都琉璃匠張穗男張守善”。

36．太谷圓智寺觀音殿脊刹背面立牌內：“大明嘉靖十二年（公元1533年）五月日造”。

37．太谷圓智寺地藏殿脊刹背面立牌內：“大明嘉靖十二年（公元1533年）五月初七日造”。

38．長子縣崇慶寺地藏殿殘存脊刹立牌內：“嘉靖十五年（公元1536年）五月十五日本寺僧人明鏡燒琉璃□一堂”。

39．介休北師屯廣濟寺觀音殿脊刹正、背面立牌內：正面“重修北殿糾首侯勤劉子恭王尋王公梅皇帝萬歲大明嘉靖十六年（公元1537年）五月二十日吉旦”；背面“本寺僧定景定環管院定碧……本里琉璃匠喬志琮喬志貴男喬公定”。

40．高平仙翁廟呂祖殿正脊鴟吻背面：“大明嘉靖十七年（公元1538年）□月吉日造”。

41．北京智化寺琉璃香爐口邊沿：“大明嘉靖拾玖年（公元1540年）圓智寺”。

42．北京智化寺琉璃香爐左耳上：“文水馬東都匠”。

43．汾陽關帝廟關帝殿脊刹背面立牌內：“大明嘉靖二十四年（公元1545年）五月吉日建”。

44．介休城內城隍廟後院東配殿脊刹背面立牌內：“大明嘉靖二十七年（公元1548年）義常里喬登造”。

45．太谷淨信寺前院天王殿脊刹背面立牌內：“……大明嘉靖二十七年（公元1548年）四月二十六造……文水縣馬東都琉璃匠父張穗張守能”。

46．五臺山圓照寺毗盧殿脊桁下木板題字：“皇明五臺山敕建大圓照寺重修毗盧大殿嘉靖二十七年七月初三日記……”。

47．太原晉祠獻殿脊刹正面立牌內：“大明嘉靖二十八年（公元1549年）八月十五日造”。

48．太原晉祠獻殿脊刹正面束腰內：“文水馬東都琉璃匠張穗張守能”。

49．長治東大街城隍廟玄鑒樓脊刹背面立牌內：“大明嘉靖歲次乙卯年（三十四年，公元1555年）戊子月吉利丙辰造重修”。

50．長治城隍廟樂樓脊刹背面立牌內：“大明嘉靖歲次乙卯年（三十四年，公元1555年）吉旦造重修”。

51. 長治城隍廟城隍殿脊刹背面立牌內："大明嘉靖三十四年(公元1555年)三月十五日吉造重修"。

52. 陽城縣東嶽廟東配殿鴟吻背面中隅："大明嘉靖三十八年(公元1559年)五月造本縣匠人喬□□喬□□"。

53. 太原晉祠景清門脊刹背面立牌內："……大明嘉靖四十三年(公元1564年)重建……本縣(太原縣)琉璃匠張天福文水縣馬東都琉璃匠張芩"。

54. 陽城縣東嶽廟東嶽殿脊刹樓閣板壁上："本縣通濟里匠人喬世富同侄喬永豐大明隆慶元年 (公元1567年)造"。

55. 太谷圓智寺前院西配殿脊刹背面立牌內："大明隆慶元年(公元1567年)四月吉日造"。

56. 介休淨土寺大雄寶殿脊刹背面板壁上："隆慶四年(公元1570年)"。

57. 故宮博物院藏晉城彌勒院琉璃蹲獅座束腰處：左為"大明隆慶四年(公元1570年)五月造……"；右為"陽城縣琉璃匠喬繼宗同侄喬世桂李大川同造永為記耳"。

58. 太原崛㟰寺大雄寶殿脊刹背面立牌內："隆慶六年(公元1572年)吉日造太原府文水縣馬東都琉璃匠張士金張士瑞張士澤張士川"。

59. 太原市純陽宮後殿正脊背面："文水縣馬東都琉璃匠張守仁男張元萬曆三年(公元1575年)六月造太原右街左所張臣捨琉璃脊一道銀十兩"。

60. 太原市彌陀寺彌陀殿脊刹背面立牌內："大明萬曆三年(公元1575年)吉旦造"。

61. 陽城關帝廟門前琉璃照壁下隅：左為"本關(東關)琉璃匠施捨看牆喬世虎喬世英喬世貴喬世寶喬世藍喬世香喬永先喬永豐同造"；右為"大明萬曆六年(公元1578年)戊寅孟春吉日造管修理社首田朝田福星李光友"。

62. 垣曲祖師廟正殿脊刹板壁上："大明萬曆九年(公元1581年)吉旦造"。

63. 陵川眞澤二仙宮後殿脊刹正面立牌內："大明國萬曆拾一年(公元1583年)七月"。

64. 陵川眞澤二仙宮西垛殿鴟吻背面上部："山西澤州府陵川縣西關□匠人王寒"。

65. 文水縣洪福寺後殿脊刹背面立牌內："大明萬曆拾叁年(公元1585年)吉旦造琉璃匠(以下脫落不清)"。

66. 太谷圓智寺前院東配殿脊刹背面立牌內："萬曆十六年(公元1588年)立"。

67. 長治東泰山廟東嶽殿脊刹下部立牌內："大明萬曆拾玖年(公元1591年)五月吉日"。

68. 長治東泰山廟樂樓脊刹背面立牌內："大明……(脫落不清，萬曆)年三月立"。

69. 沁縣關王廟琉璃獅子座下："香首張禮張尙德……琉璃匠作韓尙發萬曆辛卯歲(十九年,公元1591年)秋七月吉日同造"。

70. 太原崇善寺香爐基座束腰左側："……萬曆十三年(公元1585年)起工每年燒瓷獸香爐一處供佛至今十年(公元1594年)完造……。"

71. 陵川崇安寺中殿脊刹背面立牌內："大明萬曆二十四年(公元1596年)六月初八日"。

72. 五臺山獅子窩琉璃塔第五層內壁東面琉璃碑："直隸眞定府定州城西忽村里碾子疃居住造塔匠役名列於後計開塑造伏(佛)相(像)典翠琉璃壘建寶塔領作匠人王慶孫男王良棟男王仲武徒弟徐友甫侯繼成張自誠萬曆二十七年(公元1599年)春季月吉日起三十二年(公元1604年)完"。

73. 河津樊村玄帝廟萬曆三十一年(公元1603年)《玄帝廟記》碑："……鎮之東北創玄帝廟□柱屹立中央香亭在前透如花蓋聖公聖母祠在後宏麗芩巍若泰巖壁立令人不可板(攀)躋其外門又在香亭之前舉皆翠檐碧瓦霞映月流……琉璃匠段輅邵梯塑匠衛子端男衛取學"。

74. 故宮博物院藏琉璃鴟吻背面中部："萬曆三十一年(公元1603年)五月十五日起工陽城縣琉璃匠喬永官喬永寬男喬常大男喬良才永為記耳"。

75．太原崛𡶈山多福寺觀音閣脊剎背面立牌內：“萬曆三十六年(公元1608年)七月造”。

76．陽城壽聖寺琉璃塔第一層門洞左側：“大明萬曆三十七年(公元1609年)五月二十二日陽城縣匠人喬永豐男喬常正喬常遠”。

77．陽城壽聖寺琉璃塔第五層南向門洞左側：“劉村里……施銀貳拾伍兩募緣僧慧海大明萬曆丙辰歲(四十四年，公元1616年)仲夏吉日立”。

78．太原郝莊永祚寺宣文塔(西塔)剎覆鉢上：“山西太原府陽曲縣城東南郝莊宣文塔萬曆三十六年(公元1608年)吉月吉日興工至四十(公元1612年)吉月吉日完工總理宣文塔永祚寺住持僧福登琉璃匠張鸞”。

79．介休空王祠空王佛殿脊剎下部左、右立牌內：左爲“祁縣故縣里善人億官閻尙文妻李妙眞萬曆四十一年(公元1613年)三月十五日吉造施銀二兩伍錢伜男閻建閻進”；右爲“皇帝萬歲萬歲萬萬歲琉璃匠人喬汝珍喬天斝喬天常喬天恩鐵匠人張根正”。

80．介休空王祠佛殿廊下萬曆四十一年(公元1613年)《空王古佛》碑：“萬曆叁拾叁年(公元1605年)叁月貳拾叁日蓋聞佛居鷲嶺高乃化利人……萬衆法門無過修造第一今有介休縣……僧人寬位建古佛空王殿工程浩大獨立難成不免恭持素簿便謁高門仰望萬聖同歸云耳萬曆四十一年(公元1613年)六月十六日吉造本村(張壁堡)木匠靳天國榮時安本村花匠段天祿”。

81．介休空王祠佛殿廊下萬曆四十一年(公元1613年)《勅建空王書祠碑記》：“……曰空王如來……陝西鳳翔府人俗姓田氏寄居太原府榆次縣原渦村自幼齋素……棄家緣割愛辭親與妻至開化寺削髮爲僧……萬曆肆拾壹年(公元1613年)六月十六日吉造琉璃匠人喬京喬天恩喬天斝喬汝珍住持僧人性高性奇”。

82．平遙縣武廟關帝殿脊剎背面立牌內：“萬曆四十一年(公元1613年)四月二十四日”。

83．襄汾靈光寺琉璃塔底層基座牆下嵌碑：“大明萬曆四十二年(公元1614年)歲次甲寅中秋吉旦……修建佛圖寶塔”。

84．襄汾靈光寺琉璃塔身一層東北面琉璃嵌塊下角：“陝西朝邑縣趙度鎮琉璃匠侯仲學男侯尙才侯尙仁侯尙眞”。

85．長治縣玉皇觀前殿脊剎背面立牌內：“大明國山西潞安府長治縣雄山鄉義嶺都南宋村春夏月新妝重修大吉萬曆甲寅年(四十二年，公元1614年)二月初二日興工吉日”。

86．洪洞廣勝寺飛虹塔圍廊正南面，龜須座二層脊榑下：“昔(時)天啓二年歲次壬戌(公元1622年)仲冬二月趙城縣堯封陳主簿韓典史彭修建”。

87．平魯縣九龍壁身下部：“大明天啓五年歲次乙丑(公元1625年)季春吉旦造”。

88．沁水府君廟前殿脊剎背面立牌內：“大明崇禎元年(公元1628年)立陽城琉璃匠喬常興男喜善喜福永爲誌耳”。

89．陽城壽聖寺琉璃香爐背面腹部：“壽聖寺造功德主父名上官郡大明崇禎三年(公元1630年)男上官□男上官魁男上官賀出家男本立匠人宋德士”。

90．代縣后土聖母廟殘存殿頂脊剎立牌內：“糾首善友……看廟道人……大同府琉璃匠張天雲蘇應夆張□□崇禎七年(公元1634年)七月□旬□□”。

91．長治東泰山廟東嶽殿脊剎上部立牌內：“崇禎十年(公元1637年)十二月十日”。

92．太原東關萬壽庵正殿脊剎背面立牌內：“大明崇禎拾肆年歲在辛巳(公元1641年)孟春吉日造”。

93．隰縣鳳凰山小西天大雄寶殿脊剎背面右立牌內：“大明崇禎拾柒年(公元1644年)□月□□立”。

其中實物上留有紀年的八十餘處，留有匠師姓氏的四十八處。另外，碑碣上載有琉璃事宜的六處，總計留匠師一百五十餘人次，姓名一百二十九個，分佈於全省十九個縣、市。可以肯定這個數字決不是明代山西琉璃匠師的全部，而僅是其中一小部份。因爲琉璃業是技術工藝高、勞動強度大的行業，許多規模宏大、雕造精細的琉璃製品絕非一、二人或三、四人可以勝任的。在衆多題記中，除平遙雙林寺天王殿題記中留有匠師姓氏十五人外，其他題記祇留記了首匠或領匠的姓氏而已。從衆多題記中分析，明代琉璃匠師分佈很廣，北達長城脚下，南至黃河岸邊。晉北（太原以北）至雁門關外的大同、河曲、定襄，晉中平原的太原、壽陽、平遙、介休，晉南——古平陽地帶的洪洞、河津，晉東南——古上黨地區的潞州（今潞城縣）、陽城、陵川、沁縣以及呂梁山區的文水等等，都是明代琉璃匠師輩出的地方。

在一些匠師題記中，祇留有姓氏，未註里居。根據考察分析，這一般多爲本地匠師。因爲居住本縣本村（或鄰村），作品上書其姓氏即知其居址。例如，陽城縣湯王廟獻亭琉璃鴟吻上題記爲“琉璃匠喬賮先高老祖子喬鳳喬斌”，未留其里居，但同一建築上垂獸前的另一則題記爲“本縣通濟廟匠人喬鳳喬斌男喬林”，可以得知他們是陽城縣的匠人。又如，平遙縣雙林寺天王殿脊剎題記爲“琉璃匠張士瑞張惠………侯伯林侯恭侯敬侯讓侯旻………”未註里居，但從平遙縣南神廟（耶輸夫人廟）正德五年《敬神安民之記》碑陰和廟內西旁院琉璃題記“本縣杜村里琉璃匠侯敬侯讓門人張置張其”，可知他們是平遙縣的匠師。

琉璃匠人的師承關係，多爲子襲父業，世代相傳。在已知的琉璃匠師姓名中，除潞州楊虎、張治，河曲的王大，陵川的王寒，定襄的叟人莨，沁縣的韓尚發，河津的段輅、邵梯等僅一代外，其他多有傳承關係。有的題記中直書父子或師徒關係。一般少者兩代，多者四代、五代，甚至九代。其中建造洪洞廣勝上寺毗盧殿和地藏殿的琉璃匠師喬志清、喬六信、喬胄等人，雖題記中未註其里居，但調查時當地老者均說元、明兩代本縣公孫村喬家燒造琉璃。到明永樂年間（公元1403—1424年）洪洞縣北門外大槐樹下幾次遷民[24]，喬家分爲兩支（一支北移至介休落戶；一支仍留洪洞公孫村承襲祖業）。明代重修廣勝寺時所用琉璃就是公孫村匠師所製。現存廣勝下寺水神廟元代延祐六年《重修明應王殿之碑》及《洪洞大槐樹碑》均證明此種說法的可靠性。由此推知，元、明兩代修建廣勝寺的喬家應屬同一宗族。雖然班輩不詳，但世襲傳嗣達三百餘年，可以說是所見題記傳承最久的一支。介休琉璃匠師，元代已有張元村張林，其子張祥。明代介休匠師頗多，以侯、王、秦、喬四姓爲主。侯、王二氏里居北師屯。秦氏居張家里。喬姓匠師所註里居有三處：一爲北師屯廣濟寺天王殿上的“（上）黨琉璃匠喬伯能侄男喬璨”；一爲北師屯廣濟寺觀音殿上的“本里琉璃匠喬志琮喬志貴男喬公定”；一爲靈石資壽寺大雄寶殿上的“義常琉璃匠喬耐男喬智”。三者中，除喬伯能、喬璨父子屬陽城系外，其他二里居（即北師屯和義常里）經實地考察，明、清兩代同屬義常里（今介休義棠鎮），應爲同一宗族，至今義棠鎮仍有喬氏後裔。

衆多匠師中，以陽城、介休兩地人數爲多，延續傳承時間最久，其中陽城東關喬氏陣營最強大。太原、文水、壽陽等地匠師傳襲嗣承較短，但也有師承關係，其中文水、壽陽兩地匠師工藝頗精。此外，明代還有河南修武、陝西朝邑、河北正定等地匠師在山西製作琉璃。其中修武匠師留題於晉城玉皇廟，計三人；朝邑匠師留題於襄汾靈光寺塔，計四人；正定匠師留題於五臺山獅子窩萬佛塔，計六人。這些匠師除里居與留題處地界相鄰外，可能同山西琉璃匠師有着師承關係[25]。根據題記可知，自正統初到崇禎末（公元1436—1644年）的二百餘年間，明代琉璃匠師層出不窮，且大多數有師承關係（參見此文結尾所刊的關係表）。

繼元代趙氏匠師遷往大都之後，明代又有不少琉璃匠師遷居外地。其中太原馬莊蘇氏遷居北京琉璃渠（西窰），與趙氏之後共同燒製明清宮殿、陵寢、壇廟等處各種琉璃製品。萬曆三十五年（公元1607年）介休賈村（今義棠鎮）侯姓琉璃匠，移居遼寧海城縣缸窰嶺，後來也成爲清代琉璃匠師的骨幹。

有關琉璃窰址，除大多在建築工地燒造琉璃製件，免除搬運之苦外，還在潞州（今潞城、長治、平順等地）、太原、平遙三地建有窰址。1958年楊佰公等人實地勘察洪洞廣勝上寺東南隅山坡腰間，發現窰址一處，從中拾得黃、綠、藍三色琉璃殘片，坯胎、釉色與寺內飛虹塔、地藏殿等明代琉璃相同。廣勝寺明代大修，飛虹塔明時重建，琉璃構件可能就是在此處燒製的。

七　清代山西琉璃藝術

　　進入清代，我國的琉璃業開始衰退，不少藝術構件格式化了。屋頂上素面脊筒增多，一些鴟吻上的盤龍繁縟臃腫，留有年款和匠師題記者也顯著減少了。由於山西以製造琉璃爲職業的匠師多，工藝精，他們世襲傳承繼續燒造琉璃，所以在清代，尤其是乾隆年間(公元1736—1795年)山西琉璃盛期餘音未落，出現了一些優秀作品，在我國琉璃藝術史上佔有一定地位。清代山西琉璃作品很多，分佈很廣(圖三二)。現擇其精華叙述如下：

　　大同雲岡第五、六兩窟窟檐上的琉璃，是清初順治八年(公元1651年)重修雲岡石佛古寺窟檐時的製品。窟檐三層，全用琉璃裝飾。五窟鴟吻捲尾劍把式，吻側無小龍，而於後部突出兩翼；脊飾堆塑行龍，龍形較明代規整，似乎出現了"弓"形的格局。六窟鴟吻爲一條巨龍盤繞，頭爲吞口，尾、爪竪起前伸，總體形狀與永樂宮三清殿元吻、汾陽關帝廟垛殿明吻一脈相承。但由於是三個不同朝代的作品，其中的發展變化十分顯著。三清殿元吻高寬適度，雄偉壯麗。關帝廟垛殿明吻吞口較大，吻身矮小，腹部鼓起略顯臃腫。雲岡六窟清吻吞口偏低，吻身瘦高，尾部肥腴，尾尖竪起，腰部急劇收縮。值得注意的是，六窟兩吻花紋不一樣，色調也有差異。東吻釉色偏淺，龍鱗簡練。西吻釉色深沉，刻工精細。估計是當時兩組匠師各顯技藝所致。

　　汾陽般若寺大雄寶殿上的琉璃，據碑文所載，是順治十五年(公元1657年)重修時燒造。殿上黃、綠釉鴟吻體形較小，翠綠色脊筒素平無飾，技法一般。值得注意的是檐下斗栱之間的栱眼壁。一般栱眼壁多用土坯砌築，泥皮掩抹，也有用木板繪畫裝飾者。永樂宮三清殿在栱眼壁內裝設泥塑已屬稀有。此處栱眼內鑲嵌琉璃燒造的山石、流雲、佛像、供養人等藝術製品，實爲罕見。這些製品設色也很新奇，在翠綠釉色中點綴着黃衣、白雲，給人清新艷雅之感。

　　太原西郊净因寺大雄寶殿上的琉璃，在脊刹吞口之間有門樓三間，每間於額枋斗栱之下倒懸垂蓮柱兩枚，柱間雕壼門、雀替，門扇上釘蓋密集，突出了清式建築雕飾繁縟的風格。刹上塑獅象馱束蓮柱和寶蓋、寶瓶。瓶已不存，獅象製作拙劣。脊刹背面留有題記爲康熙四十二年(公元1703年)造。脊筒素面。鴟吻藍釉，米黃色小龍踞其上，龍身細長，不像明代龍形壯麗。

　　清代山西塔式建築中使用琉璃的有臨汾大雲寺琉璃塔、太原晉祠奉聖寺塔、汾西村博濟寺塔、太谷天寧寺塔、榆次智村志公塔等多座。惟臨汾大雲寺塔年代最早，規模最大。據《大雲寺塔重修碑》記載：寺創建於唐貞觀六年(公元632年)，清康熙三十四年(公元1695年)地震塌後在康熙五十四年至五十七年(公元1715—1718年)重建(圖三三)。塔居寺內中心，高35米，平面呈方形，共六級。底層較大，前後闢門，內鑄高6米的鐵佛頭像，故大雲寺又稱鐵佛寺。二層以上脊飾、吻獸、溝頭、滴水等均爲琉璃製品。壁門外還用黃、綠、藍、白、赭五彩琉璃佛教造像鑲嵌。造像有釋迦、毗盧、藥師、彌陀、寶生、成就等諸佛，有文殊、普賢、觀音、地藏、日光、月光等諸菩薩，有護法、韋馱、十殿閻君、十八羅漢、二十四諸天、八大金剛及佛傳故事等等。造型優美，釉色鮮艷，大大增強了佛塔的裝飾性。二層北面觀音菩薩及十八羅漢下部，刻有康熙五十七年(公元1718年)陽城匠人喬鷟等人燒造的題記。

　　臨汾城內關帝廟前有琉璃影壁一座，黃綠釉，長約9米。檐頭脊飾、邊角圖案皆用琉璃裝飾，壁面磚砌，中部用琉璃塑方形壁心三塊。中間一塊內塑流雲、日月、星辰、昇龍、降龍，中有大鵬展翅。左、右方心中各塑圓壇。壇內有浮雲貼面、獨龍戲珠圖案(圖三四)，在清代龍壁中還是別具特色的。

　　康熙年間(公元1662—1722年)重建的陽城關帝廟，各殿琉璃釉色均佳，其造型以獻亭脊飾吻獸較別致。鴟吻不大，形態秀麗。吞口之上龍口凸出，耳後生足，上部出翼，無小盤龍，頂端爲魚尾分叉狀。脊刹吞口偏高，下

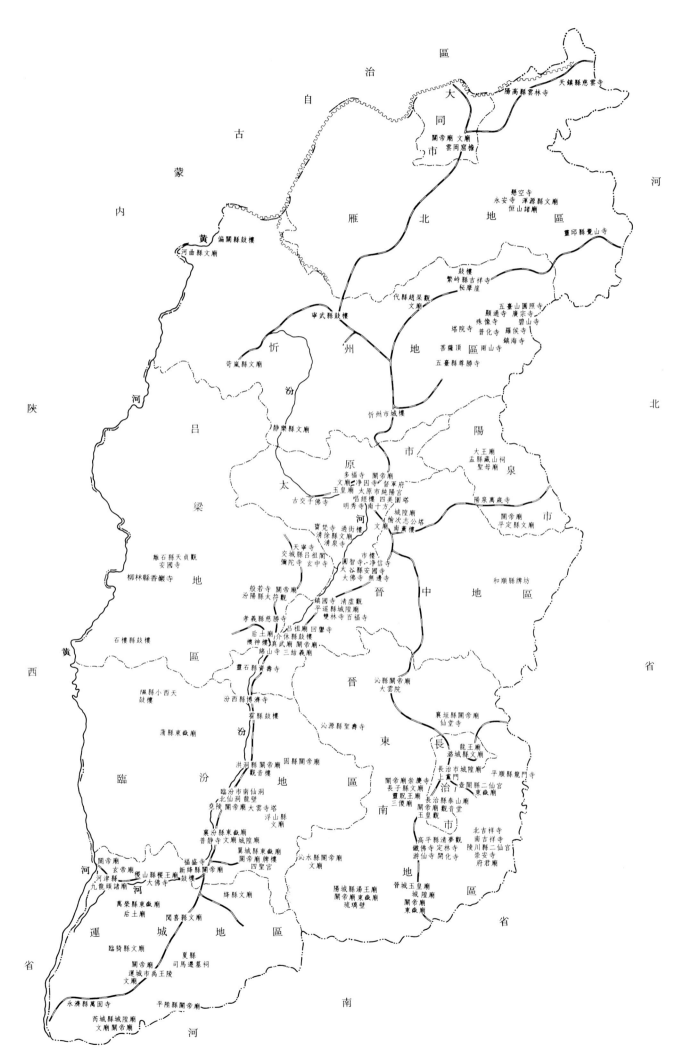

三二　山西現存清代施用琉璃建築分佈圖

三三　臨汾大雲寺塔重修碑　　　　　　　　　　　　　　　　　　　　　　　三四　臨汾關帝廟琉璃影壁

雕獅子戲球，上塑束蓮基座和寶瓶。脊身較短，每面設海水流雲襯托的盤龍兩方，龍爲一昇一降，姿態自然，盤曲形式與衆不同。垂獸雕麒麟一隻，張口翹尾。戧脊短促，戧獸行龍佈滿脊上。翼角套獸上塑文官裝束的嬪伽，實爲罕見。

　　蒲縣東嶽廟各殿琉璃，多是雍正二年（公元1725年）重修時所製。除有碑文記敘外，天堂樓脊刹上亦有稷山匠師張時富等人的題記。保存較完整的是行宮大殿和獻亭上的琉璃飾件，但釉面多已泛鉛，也有少量脫釉現象。其中海馬、武士形態別致，釉色較好。垂脊上海馬四尊，皆蹲式，褐黃釉，黑鬃毛，造型俊秀。正脊上飛馬武士十尊，或黑馬黃鬃，或醬馬綠鬃，或綠馬黑鬃，皆奔馳欲飛。武士袖口緊束，頭戴螺旋軟帽，腰繫羅裙，上衣貼體，兩臂伸出近似雜耍樣。獻亭上的鴟吻殘缺，吞口和樓閣部份釉面較厚，色調深沉，其餘因泛鉛已變爲銀灰色。此外，太谷圓智寺觀音殿頂琉璃也是雍正十二年（公元1734年）補造的。

　　五臺山菩薩頂上的琉璃，是官窰琉璃製品中的精華。康熙、乾隆兩帝幾次朝拜五臺山，御書碑文，勅令重葺菩薩頂，所以寺內建築形制、結構、雕刻、裝飾等都是按照宮廷規格建造的，琉璃製品也不例外。中軸線上的建築牌坊、山門、鐘鼓樓、天王殿、菩薩殿、大雄寶殿等屋頂之上，全用黃琉璃鋪蓋。左右茶房、禪堂、僧舍等建築上脊飾瓦件，全用孔雀藍釉面。鴟吻捲尾劍把式，高寬之比爲7：8。小盤龍貼於吻側流雲之上，轉首向前。吻上劍把直豎，雕卷草紋飾。瓦當有黃、藍兩種，邊沿寬厚，中間剔地突起雕龍紋圖案，釉色頗佳。寺內西旁門外，砌有拐角影壁兩道。壁間鑲有壼門式琉璃壁心兩塊，海水浮雲之上雕二龍戲珠圖案。總體形制略同，細部手法各異，捏工精巧規整，釉面純正光亮，爲清代琉璃中有代表性的藝術佳作。

　　孝義慈勝寺大雄寶殿的琉璃吻獸、脊飾和影壁團龍，是清乾隆十九年（公元1754年）重修時所製。粗紅坩土爲胎，黃、綠、藍、白色釉，釉色純正光亮。脊筒素面無飾，上下沿刻有數道線角。脊刹爲樓閣式，雕工尚巧。鴟吻造型新穎，兩側流雲貼面而無小龍盤踞，吻尾頂端塑一龍頭前伸，張口豎目，十分兇惡。大雄寶殿兩側磚砌影壁上各鑲嵌一條琉璃團龍，外框方形，竹節作邊。上兩角堆塑鳳凰展翅，下兩角雕麒麟奔馳。內向圓壇週圍刻卷草紋樣，內塑海水、牡丹和二龍戲珠。龍爲一昇一降，蜿蜒生動。

　　陵川南吉祥寺前殿，寬、深各三間，單檐歇山式，殿頂黃綠色琉璃剪邊。鴟吻較高，兩側塑雲朵和小盤龍，龍至吻尾豎首仰視，與衆不同。脊身兩側雕水波紋、怒放的荷花和爬行其間的蛟龍。垂脊兩側雕荷花與行龍，下端塑昂首翹尾的麒麟奔馳在海潮中，麒麟背上雕上身赤裸的仙人。仙人手撫鬃毛，體形端莊。該殿綠釉已局部泛鉛，積彩翳成黃白色，開始向銀釉變化，麒麟部份尤爲明顯。後殿五開間懸山式，殿頂吻獸與前殿略同，但正脊兩隅塑獅馱寶瓶，爲前殿所未有。脊刹下部雕立牌一面，上書"大淸乾隆廿一年(公元1756年)十一月初九日重修大殿"的題記，是該寺琉璃燒造的確切年代(圖三五)。後殿琉璃釉色鮮亮，無泛鉛現象，但有的局部爆釉。這可能是因陶土加工太糙或火候不當所致。

長子縣紫雲山靈貺王廟琉璃，燒造於乾隆二十六年(公元1761年)。前後兩院，殿宇廊廡共七座，以正殿琉璃工藝最佳。脊身兩側塑盛開的牡丹，花莖盤繞，枝葉蔓延，行龍串於其間，龍形各異，翻轉蜿蜒。脊中寶刹吞口凸起，立牌貼塑其間，上置覆蓮瓣平臺，有拂菻牽着獅子，背負仰蓮、項輪、寶蓋和寶瓶。獅獸雄健，拂菻英武。捏塑之巧，當爲名師之作。脊上塑東西對峙的黃釉二仙人。仙人身着披肩，下束圍裙，禿頭赤腳，張口怒目，雙手卡腰欲鬥。脊上騎馬仙人十六尊，形態與飛馬武士不同。仙人着文官服飾，雙手拉繮，眉淸目秀；馬匹張口竪目，四足挺立，十分矯健。這種形象在建築屋頂上是稀有的。正殿四條垂脊上塑獅子、押魚、海馬等；兩側雕纏枝牡丹，莖葉茁壯，花朵繁茂；脊下端以麒麟爲垂獸，海水波浪起伏，麒麟奔騰於浪尖，張口竪目，兇猛至極(圖三六)。脊刹下部立牌，留有"大淸乾隆貳拾陸年歲次辛巳(公元1761年)十月丙寅朔初二日丁卯之期匠人賈良史典和亮"的題記。

渾源永安寺傳法正宗殿，廣五間，深四間，四阿式屋頂，殿頂面積達600平方米，全用五彩琉璃鋪蓋。脊飾色彩絢麗，吻獸形體別致，無論工藝、造型、釉色均爲山西淸代琉璃之冠。鴟吻高大(2.7米)，吻形前傾，背面弧度顯著，總體輪廓猶如鳳臥脊頭。吻身兩側滿佈雲朵花卉；小盤龍彎曲爬行於其中，至吻尾頸部突起，龍頭前伸；一隻飛鳥塑在小盤龍頸上。脊刹以吞口和門樓爲基，上雕獅象馱寶瓶、寶蓋，刹下二吞口之內各雕幼麟一隻。幼麟體態肥盈，探頭閉目。脊刹背面門樓之內立牌留有"大淸乾隆二十六年立"的題記。殿頂正、戧各脊兩側滿佈花卉，其中多爲牡丹，色彩有黃色、黃綠色、黃藍色、綠白色、藍白色、褐黃色等多種色調，形狀也很少雷同。脊側塑龍、鳳穿於花卉之間。戧脊下端用仿麟行龍作戧獸，龍頭增大，體形肥短，絕不同於明代垂獸行龍。脊刹兩側的正脊上沿塑道敎神像八仙，即漢鍾離、呂洞賓、藍采和、韓湘子、何仙姑、鐵拐李、張果老、曹國舅。佛寺殿頂塑八仙的極爲少見，但山西境內却例外。這是繼太谷圓智寺千佛殿明代塑琉璃八仙之後又一實例，蓋爲匠師仿殿內水陸畫內容[26]所造。

太谷大佛山天寧寺琉璃塔居大佛山巓，錐形體，平面八角形，十級，高21米。塔基座部份用料石砌築，塔身四週全用40厘米見方的孔雀藍琉璃鑲嵌而成，釉色艷麗如初。塔檐十層，均用預製的琉璃叠檐磚鑲砌，極頂塔刹

三五　陵川南吉祥寺後殿脊刹題記

三六　長子縣靈貺王廟垂獸

已毀。塔底層正西面闢有券栱式洞龕，原有佛像，今亦不存。此塔爲乾隆二十九年（公元1764年）重修寺宇時的遺物。其造型奇特，與偏關、臨汾等地文風塔近似，在衆多琉璃塔中亦少見。

陵川崇安寺內，除彌陀殿上吻獸爲明代所製外，古陵樓、插花樓、大佛殿、鐘鼓樓等建築上的脊飾、吻獸、溝滴、瓦件等多數是乾隆三十三年（公元1768年）燒造的。其中鐘鼓樓上的吻獸瘦高，小盤龍自頂端盤曲下行，尾尖竪起至腰間，頭首衝外，形象較爲別致。吻下吞口橫眉怒目，獠牙外露。垂獸分獅、虎兩種，獅施黃綠釉，虎捲尾貼在背上，青面武士側身騎於虎背，武士頭戴軟巾帽，身着鎧甲，似在爭戰之中。鐘鼓樓脊刹背面均留有題記。

汾西博濟寺琉璃塔，位於寺門前東側，平面六角形，五層，高7.5米。束腰須彌式基座兩級，局部殘壞，後人用青磚圍護。塔身施黃綠釉，可惜釉面大多脫落。各層轉角處皆有倚柱。第一層塔檐刻有椽飛疊壓，外檐鑲有黃色雲形板，二、五兩層檐下雕有斗栱出跳，三、四兩層塔檐用疊澀製成。極頂寶珠已毀。塔底層中空，南向闢門，內置佛像一尊，已殘壞。據寺內重修碑文載述，此塔爲乾隆五十二年（公元1787年）燒造。

嘉慶年間（公元1796—1820年），琉璃藝術顯著衰退，捏製技巧和釉色均較前遜色。據山西所見，楡次城隍廟山門脊獸、平遙鎮國寺萬佛殿鴟吻、聞喜文廟五龍壁和翼城曹公關帝廟等是這一時期較有特色的作品。鎮國寺萬佛殿上的鴟吻和溝滴瓦件，爲嘉慶二十年（公元1815年）重修時燒造。其鴟吻比例偏高，耳後無足，小盤龍體態粗壯，頸部拱起，龍頭大而短。

翼城曹公關帝廟山門、戲臺和主殿，保存着一批嘉慶年間較好的琉璃藝術品。廟內鴟吻分劍把式和盤龍式兩種，垂獸有全龍和龍頭兩類。正殿脊刹上雕栱橋承樓閣，閣爲二層，飾以明柱勾欄，左右塑獅象馱寶瓶。正、垂各脊兩側堆塑華麗，有荷花、牡丹、龍、鳳和化生童子。山門正脊上凸起兩座栱橋，橋爲小券栱式，五孔，兩側雕勾欄望柱。橋上所塑人物，僅留下半軀身體，人爲武將裝束。橋側懸橫匾一方，題“當陽橋”，蓋取《三國演義》中“張翼德三聲喝斷當陽橋”之典。兩橋正面勾欄下，各留題記一行。北橋題“大清嘉慶二十二年（公元1817）五月初一日”；南橋題“陝西朝邑縣匠人張秀春□造”。時隔百餘年，綠色釉面上灰白彩翳幾乎佈滿，已接近銀釉色澤。

聞喜縣文廟前五龍壁爲嘉慶二十四年（公元1819年）所製。灰磚砌牆，正面當中鑲嵌綠釉琉璃壁心。壁心下部塑海水激浪。中部雕黃色流雲，五條巨龍分置流雲之間，龍體如蛇，鱗甲甚小，身長，鰭如脊帶；左右四條龍上下疊置，或蜿蜒前行，或側首回視，各不雷同；中心一龍體形粗壯，自海面躍起後轉身下降，形如弓背。壁心上部塑有十八尊仙人。整個龍壁圖案比明代獸板，釉色浮淺。

道光至光緒年間，隨着寺觀廟堂的重新修葺，山西琉璃製作又出現了許多可喜的成果。高平清夢觀、楡次志公塔、介休后土廟、臨猗文廟和大成殿、陵川北吉祥寺、代縣文廟戟門梢間團龍、河津玄帝廟、萬榮后土廟、介休眞武廟牌坊、太原文廟、解州關帝廟等建築物上的琉璃製品，可謂這一時期的代表作。

清夢觀內三清殿上的琉璃是道光四年（公元1824年）重修時燒製的。脊飾雕塑十分華麗紛繁，所塑星君、仙女、行龍、飛鳳各具特色。脊身兩端堆塑仙女四尊，頭戴花冠，身繫羅裙，持幡屹立於雲端。中塑張鳳鹿、尾火虎等諸星君，分別着文人或武士裝騎於獸背上。其中虎的造型最佳。脊中所塑行龍，身體蜿蜒，鱗甲細小，釉色富麗，但與明龍風格截然不同。兩隻飛鳳轉身降翔，羽毛清晰，釉色斑駁。

楡次縣志公琉璃塔，平面八角形，樓閣式。原爲九層，高8.5米。現頂部塌壞，尚存八層，高7.05米。檐部殘損。塔下基座兩層，磚砌。塔身用白坩土爲胎，孔雀藍釉，分層燒製疊裝而成。底盤雕蓮瓣、壺門、勾欄。各層塔檐均用瓦壠溝滴裝飾，一、二層又雕廊柱、斗栱、雀替，三層以上疊澀伸出。塔爲中空。每層闢有門洞形龕，龕上匾額書有“毗盧洞”、“紫雲洞”、“綿山洞”、“白雲洞”、“白衣洞”、“普賢洞”、“雷音洞”、“觀音洞”、“文殊洞”等等。塔南面第三層門聯上雕刻有銘文“清道光拾年歲次庚寅（公元1830年）葭賓月夏鄉人重修立”。

介休后土廟規模甚大，佈局緊湊，中軸線上四進院落，殿堂樓閣十餘座，幾乎全部屋頂都是琉璃覆蓋。山門前磚砌影壁兩座，壁頂脊飾和壁面方心均飾以琉璃。方心內雕有海水、流雲、大鵬展翅、二龍戲珠、麒麟望日、龍戲牡丹和山石人物等各種圖案。壁上留有“道光十五年（公元1835年）造”和“張仁德造”（圖三七、三八）等題記。廟

三七　介休縣后土廟門
　　　前影壁背面題記

三八　介休縣后土廟東
　　　側影壁背面題記

內中央以三清樓爲主,前有享亭,後有樂樓,左右配峙鐘鼓二樓,主從有致,結構奇巧。整個屋頂全部飾以五彩琉璃構件。僅鴟吻就有十餘種,或釉色不同,或造型相異。脊刹或樓閣居中,或寶瓶疊置,或獅居極頂,或象峙兩側,殿宇之間避免雷同。垂獸、戧獸、行龍、套獸、嬪伽和花卉等等,數額繁多,各盡其妙。樂樓兩側各磚砌影壁一座,壁上壇內以黃綠色琉璃雕塑懸石、流雲,麒麟蹲臥其中,與眾多影壁不同。后土殿(又名后土聖母宮),主殿凸起,兩側梁殿夾峙。主殿爲垂檐歇山式,前有廊柱佈列,屋頂黃色琉璃覆蓋,鴟吻高聳,刹獸玲瓏。整座廟宇金碧輝煌,頗有皇宮氣勢,可算是入清以來的力作。

　　臨猗(原臨晉縣)文廟大成殿、陵川北吉祥寺天王殿和榆次城隍廟後殿,都是咸豐年間(公元1851—1861年)留有題記的作品。文廟大成殿是咸豐元年(公元1851年)河津縣呂姓匠師燒製的,工藝精湛,釉色絢麗。殿頂脊刹玲瓏,栱橋之上樓閣三層。底層十字捲棚歇山式;頂層六角攢尖頂,屋檐翹起,斗栱密緻,平座、勾欄、瓦壟、脊飾等製作精細,一絲不苟。閣下仙人四軀作過橋狀,可惜"文革"中毀壞一軀,其餘三軀頭部致殘。脊上塑龍鳳花卉,色彩斑斕。童子傍依橋側,神情喜人。鴟吻造型奇異,龍形較大,張牙露齒,立角豎耳,後爪粗壯伸至尾端。小盤龍居於吻身上部,龍身多曲,尾部衝天。

　　北吉祥寺天王殿吻獸,咸豐九年(公元1859年)造。造型、手法與陽城匠師作品一派相承,與臨猗文廟風格截然不同。吻身較高,裝飾素雅,尾部細而捲曲向外,兩側僅用小盤龍裝飾。刹座中心塑布袋和尚像一尊,敞胸露腹,側首斜視。脊刹上部祇塑獅馱寶瓶,獅昂首翹尾,豎耳凝視前方。脊上仙人形似力士,上身袒露,腰繫羅裙,雙手貼於右胸,姿態極似長子靈貺王廟的仙人。

　　樊村玄帝廟,俗稱琉璃廟。據現存廟內明萬曆三十一年(公元1603年)所建《玄帝廟記》記載,當時已是"翠檐碧瓦,霞映丹流"。同治九年(公元1870年)修葺時,重燒部份瓦頂琉璃。其後殿琉璃較有特色,鴟吻施三彩釉,孔雀藍吞口,金黃色浮雲,醬黑色小龍,色澤和造型均與別處異趣。脊側裝飾中弓形降龍尾部捲曲,受格式化局限,不似明龍自如。脊刹部份雕栱橋樓閣,劵洞三孔,中孔較高,橋面中部凸起,兩端下斜,略如馬鞍式橋梁。橋上樓閣矗立,勾欄兩側懸空壁外,造型殊異。

　　萬榮睢上后土廟,是我國最早的祭祀后土的廟宇。光緒十六年(公元1890年)遷廟至此,琉璃飾件爲當年燒造,脊獸、瓦件全部更新。其中后土聖母殿工藝較精,鴟吻直豎,無吻尾形式,醬黑色小龍盤踞上部,縮首撐足,與眾不同。脊座似城門,上塑三層樓閣,兩側雕獅馱寶瓶,寶瓶均上下疊置,中間以蓮盤相托,以孔雀藍色釉爲主,朱紅色檐柱門扉,金黃色門釘,薑黃色寶瓶,形制色調均屬稀有。脊中眾多雕飾,以飛鳳、童子較有趣味。飛鳳四隻,或昇、或降、或峙立、或回首,皆用圓雕手法突出壁外。童子八軀,面目清秀端莊,肌肉豐盈圓潤,或懷抱如意，或手扶花莖，天眞活潑，逗人喜愛。脊上武士躍馬飛馳，武士瘦小，馬形肥壯。垂脊上塑押魚、海馬。其造型風格均不如明代自如。

介休眞武廟五彩琉璃牌坊，是晚淸遺物中富有代表性的作品。牌坊面寬三間，明間凸起，皆歇山式屋頂。除基座爲石雕外，坊身四柱、額坊斗栱、門楣牌匾、溝滴瓦壟、吻獸脊飾以及各種圖案花卉文字等等全用琉璃構件搭套安裝而成。門栱上雕蔓延的花枝和二龍戲珠，額坊上枋心內塑人物、花卉和文房四寶，斗栱上雕有龍頭，牌匾上剔地突起花邊，坊柱兩側面還塑有靑龍、白虎等圖案。牌坊比例適度，雕造精細入微，捏製之巧，色釉之艷，堪稱淸代珍品。坊前明間東柱下部，塑有光緖丁酉年(二十三年，公元1897年)亭造立”的題記。當地老者傳言，造眞武廟屋頂琉璃和門前牌坊，除本縣匠師外，還從太原晉中一帶請來不少名師，可謂“高手雲集，共成斯舉”。

太原文廟原在市內西隅，光緖三十三年(公元1907年)遷此並造櫺星門琉璃和門前影壁。影壁壁身爲磚構，琉璃鑲嵌的方形壁心，四角雕卷草圖案，內塑海水、流雲、荷花和二龍戲珠，龍身“弓”形，已爲晚淸規制。櫺星門三間，夾壁、門柱、雲罐、瓦頂、脊獸皆爲琉璃製品。四方夾壁上各雕一團龍，兩梢間爲二龍戲珠，兩次間塑獨龍一條，海潮中魚躍水面，全施翠綠釉，格調艷雅淸新。

解州關帝廟是我國武廟之冠，也是山西境內晚淸琉璃製品較爲集中的大型建築群。廟最初創建於隋，宋代重建，以後屢毀屢建。淸康熙四十一年(公元1702年)失火焚毀後，歷代均有修建。廟區佔地10萬餘平方米，百餘間建築屋頂幾乎全用琉璃覆蓋。仙人、走獸百餘尊，龍鳳、花卉滿佈脊身。坯胎質地有白坩、粗坩和紅膠泥三種，釉面五彩，黃、綠色爲多。可能由於鉛的還原作用，綠釉琉璃約三分之一以上積彩翳後呈銀釉色澤。其中崇寧殿爲康熙五十七年(公元1718年)建造，脊刹造型甚簡，無呑口，僅塑仰覆蓮座和獅馱寶瓶。基座黃釉，色近銅鑄。獅瓶綠釉泛鉛，猶如古銅生銹，頗富雅趣。垂脊下端各塑麒麟一隻，竪耳怒目，昂首欲奔。脊上沿塑道教漢鍾離、呂洞賓、曹國舅、鐵拐李、張果老、韓湘子、藍采和、何仙姑等八仙神像，手持法寶，神情自若。脊飾吻獸爲咸豐年間(公元1851—1861年)補修時製。吻形臃腫，背獸突出，盤龍佈滿吻身，龍頭微微探出，與河津玄帝廟、萬榮后土廟鴟吻有類似之處，蓋爲晚淸河東地帶民間手法。鐘鼓二樓和后宮(包括氣肅千秋牌坊、刀樓、印樓、春秋樓等)屋頂上琉璃，均爲同治九年(公元1870年)重葺時燒造。鐘、鼓樓上脊刹雕製精細，釉色淸新，隔扇剔透玲瓏，屋檐翹如江南亭榭，刹下坐龍圖案新穎，馱瓶綠獅作呈縮狀，造型別具一格。后宮建築以春秋樓爲主，屋頂琉璃飾件品類齊全，捏工精細，在同治遺物中可謂代表。樓前牌坊上塑鳳吻一對，爲山西歷代所僅見。樓上鴟吻捲尾劍把式，體寬尾細，流雲貼滿吻側，盤龍浮於雲朵之上。前、後兩坡共塑垂獸四枚，前坡爲爬行的蛟龍，後坡有奔馳的麒麟。四翼角各雕一龍形戧獸，神態兇猛。垂、正各脊上沿所雕仙人、海馬、押魚、鳳凰、獅子等，造型、神情無一雷同。雉門、午門、文經門、武緯門等門廡上的琉璃 都是光緖九年(公元1813年)河津堯頭呂姓匠師所製。雉門脊刹塑夯洞、栱橋、樓閣和獅象馱瓶，均沿用晚淸規制，斗栱雕刻趨於繁縟。脊身雕飾全用透空鏤刻手法製成，龍弓身爬行，花卉施黃、綠、白、赭、紫、黑色釉。脊上雕塑獅、麟、魚、馬、獬、鳳、雀等禽獸，栩栩如生，各盡其妙。雉門北側與戲臺聯構一體。臺上戧獸麒麟，昂首奔馳，是淸式脊獸中的佳作。戲臺和午門之間四角，造兩對八字形影壁。壁心雕刻圖案新穎，東南角爲松濤猛虎，西南角爲獨龍戲珠，東北角是松山梅鹿，西北角是松鶴淸流。雕造工精，色釉純正，反映了淸末琉璃藝術的成就。

淸末還有一些琉璃作品引人注意。運城關帝廟的鴟吻、脊花，雄健奔放；汾陽文化館藏的雙龍插瓶，形體穩重，雕刻如畫；太原四美園琉璃塔，造工細膩，形體如錐，塔沿收刹近乎直線。山西省博物館和太原崇善寺收藏的琉璃獅子、奠池、唱經樓、武士像、香爐等，或式樣新奇，或釉色仿古，圖案、技法等雖然還繼承着傳統，但釉色已失純正之雅，工藝也早無明代風韻了。

爲了弄淸淸代琉璃工藝與前代的傳承關係，我們採集了五臺山菩薩頂和金閣寺的淸代琉璃做樣品，由建築材料科學研究院陶瓷科學研究所化驗，得其數據如下：

菩薩頂淸代琉璃：

黄釉坯體：二氧化硅(SiO_2)79.90%，

三氧化二鋁(Al_2O_3)14.23%，

三氧化二鐵(Fe_2O_3)1.05%，

二氧化鈦(TiO_2)0.57%，

氧化鈣(CaO)0.80%，

氧化鎂(MgO)0.59%，

氧化鉀(K_2O)1.64%，

氧化鈉(Na_2O)0.22%，

總量爲99%。

抗折強度每平方厘米162.657公斤。

抗壓強度每平方厘米692.8公斤。

坯體燒成溫度1130°C。

黄釉：二氧化硅(SiO_2)35.74%，

三氧化二鋁(Al_2O_3)5.48%，

三氧化二鐵(Fe_2O_3)2.98%，

二氧化鈦(TiO_2)0.23%，

氧化鈣(CaO)0.46%，

氧化鎂(MgO)0.23%，

氧化鉀(K_2O)0.67%，

氧化鈉(Na_2O)0.39%，

氧化鉛(PbO)53.57%，

氧化銅(CuO)0.06%，

總量爲99.81%。

色釉燒成溫度1042°C（±47）。

金閣寺清代琉璃：

藍釉坯體：二氧化硅(SiO_2)76.69%，

三氧化二鋁(Al_2O_3)17.84%，

三氧化二鐵(Fe_2O_3)1.57%，

二氧化鈦(TiO_2)1.05%，

氧化鈣(CaO)0.23%，

氧化鎂(MgO)0.45%，

氧化鉀(K_2O)1.59%，

氧化鈉(Na_2O)0.35%，

總量爲99.77%。

抗折強度每平方厘米203.093公斤。

抗壓強度每平方厘米1224公斤。坯體燒成溫度1280°C。

藍釉：二氧化硅(SiO_2)67.37%，

三氧化二鋁(Al_2O_3)4.36%，

三氧化二鐵(Fe_2O_3)0.71%，

二氧化鈦（TiO_2）0.13%，

氧化鈣（CaO）10.98%，

氧化鎂（MgO）1.37%，

氧化鉀（K_2O）0.70%，

氧化鈉（Na_2O）9.58%，

氧化鉛（PbO）1.45%，

氧化銅（CuO）0.01%，

總量爲96.75%。

色釉燒成溫度1100°C（±40）。

歷代琉璃的化學成份表明，從漢代到淸末，兩千多年來，儘管歷代有不同的命名——漢代的綠釉陶，唐、遼、宋的三彩器皿，元、明以後的琉璃和三彩珐華等等，歸根結蒂都屬同一個琉璃體系。儘管琉璃的使用範圍不斷擴大，釉彩、工藝不斷繁雜，但其坯胎、釉彩的質地和燒造方法、火候溫度等等始終沒有超脫高溫燒胎、低溫燒釉的範疇，而且始終是沿襲着一個固有的程序製作的。從歷代琉璃的化學成份中還可以看出，綠釉中含鉛量較大，其中變爲銀釉者鉛量尤高。如晉祠聖母殿上殘存的宋代瓦件，五臺山佛光寺文殊殿上元代脊刹，靈石資壽寺部份明代瓦件、吻獸，介休空王祠正殿部份明代脊飾，解州關帝廟淸代部份瓦件等等，皆有許多綠釉變成銀釉，就證明了這一點。至於銀釉的成因，恐怕不僅僅是受到水的輕微溶蝕所致，鉛量較大，受大氣層侵襲而還原也許是其變化的又一原因。

淸代山西琉璃藝術雖然較明代在製作工藝上明顯下降，所留題記與明代相比爲少，但它的分佈仍遍及全省各地(圖三九)。現將留有題記的三十九處四十款分列於後：

1. 太原馬莊芳林寺順治五年(公元1648年)《重修芳林寺記》碑背面下隅："琉璃匠張希洲張希友"。

2. 陽城被古董商買走的琉璃鴟吻[27]，東吻爲"順治己丑(六年，公元1649)總理社首庠生延芳聲"；西吻爲"本縣琉璃匠喬常圖造"。

3. 太原淨因寺大雄寶殿脊刹背面立牌："觀家峪村時大淸康熙肆拾貳年(公元1703年)叁月吉造"。

4. 臨汾大雲寺塔身底層東向門內右隅牆間嵌碑："平陽府郡西南隅古有大雲禪寺俗曰鐵佛寺肇自大唐貞觀六年(公元632年)建寺屢代重修中有金頂寶塔一座上出重雲偶大淸康熙乙亥歲(三十四年，公元1695年)夏四月六日戊刻忽遭震變之災寺廟傾塌民舍無存壓傷男女不可勝計地聲如雷經年(久)不息至於五十四年(公元1715年)復有善士陳國信始發慈念請設會教督工盡力兼募方檀越謹卜是年春二月念一日命工起建始立寶塔根基層□日葺修至□年□月□日工程告竣所有隨念信士暨糾首化緣人等之功不敢隱蔽其誠勒石刻銘永垂不朽……大淸康熙五十四年(公元1715年)歲次乙未夏四月吉旦"。

5. 臨汾大雲寺塔身二層北面琉璃嵌塊下部題字："澤州陽城縣青陽里琉璃匠喬鷟同里喬彥雲喬祥泥匠毛鳳羽男毛永關福保劉月正大淸康熙伍拾柒年(公元1718年)歲次戊戌伍月仲造寶塔琉璃佛像永鎮山門吉祥如意督工管老陳國信"。

6. 長治城隍廟門前琉璃影壁下隅嵌磚："大淸康熙□□□年吉日造"。

7. 盂縣藏山神祠正殿脊刹背面立牌內："大淸康熙六十一年(公元1722年)四月十六日吉旦"。

8. 蒲縣柏山東嶽廟天堂樓脊刹背面立牌內："大淸雍正叁年(公元1725年)歲在乙巳五月吉造稷山琉璃匠人張時富張□□"。

9. 交城石壁峪玄中寺七佛殿脊刹背面立牌內："大淸雍正三年(公元1725年)"。

10. 介休三結義廟正殿脊刹背面立牌內："大淸雍正四年(公元1726年)造"。

11. 太谷圓智寺後院觀音殿正脊背面南隅："大淸雍正十二年(公元1734年)四月吉日補造住持僧妙桂榆

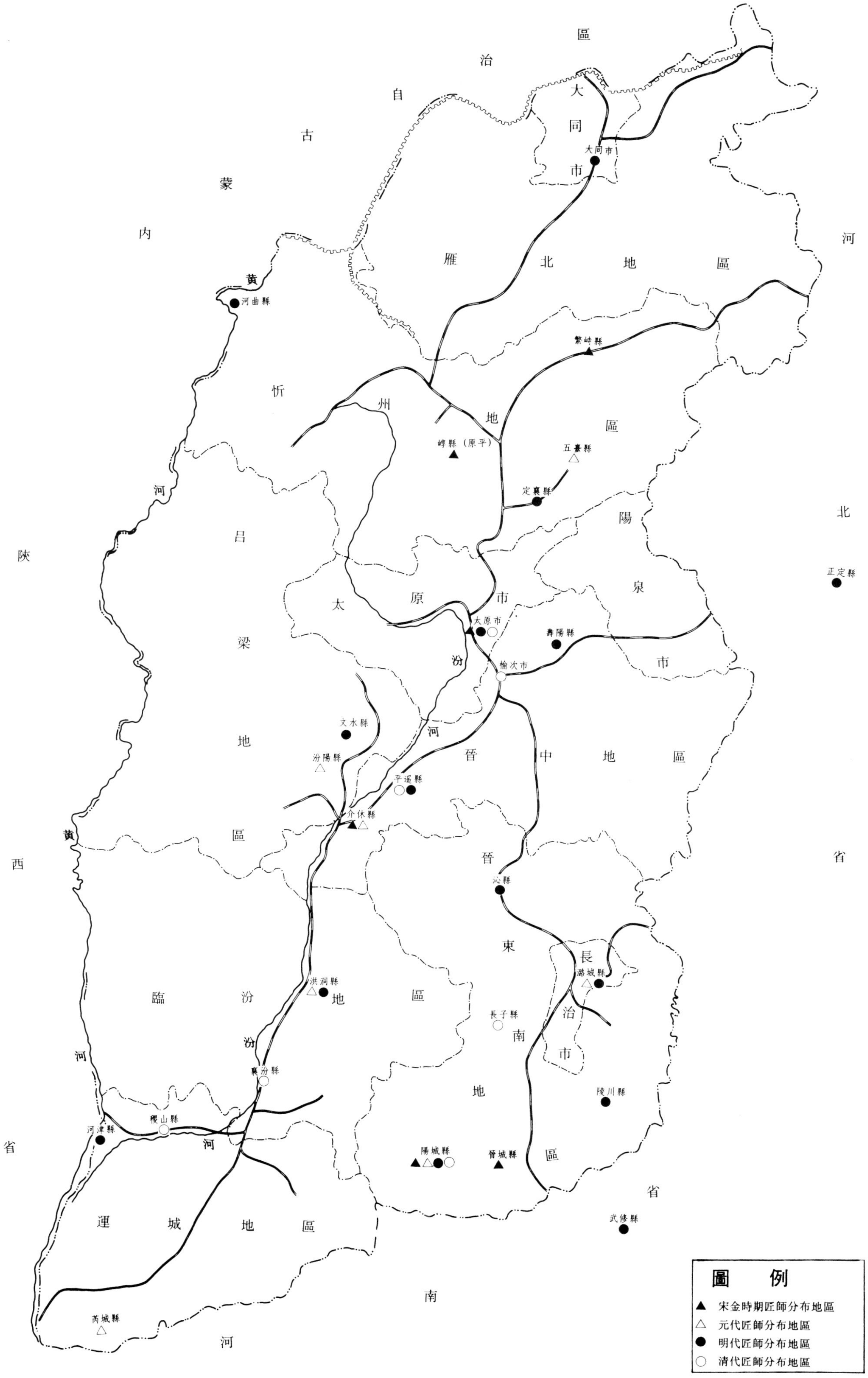
內蒙古自治區
河北省
陝西省
河南省
黃河
汾河
大同市
雁北地區
忻州地區
呂梁地區
太原市
陽泉市
晉中地區
晉東南地區
長治市
臨汾地區
運城地區
河曲縣
繁峙縣
崞縣（原平）
五臺縣
定襄縣
正定縣
壽陽縣
榆次市
文水縣
汾陽縣
平遙縣
介休縣
沁縣
潞城縣
長子縣
洪洞縣
襄汾縣
稷山縣
河津縣
陽城縣
晉城縣
陵川縣
武陟縣
芮城縣
圖例
▲ 宋金時期匠師分布地區
△ 元代匠師分布地區
● 明代匠師分布地區
○ 清代匠師分布地區

三九　山西歷代琉璃匠師分佈圖

次縣琉璃匠張五全男張梁李成”。

12. 襄汾縣汾城鎮城隍廟琉璃影壁題字：“襄汾縣杜村里琉璃匠張智照……（以下剝落）”。

13. 陵川縣平川村南吉祥寺後殿脊剎正面下部立牌內：“大清乾隆廿一年（公元1756年）十一月初九日重修大殿”。

14. 長子縣紫雲山靈貺王廟正殿脊剎下部立牌內：“……大清乾隆貳拾陸年（公元1761年）歲次辛巳十月丙寅朔初二日丁卯之期匠人賈良史典和亮”。

15. 渾源城永安寺傳法正宗殿脊剎背面立牌內：“大清乾隆二十六年（公元1761年）立”。

16. 陵川城崇安寺鼓樓正脊中心背面立牌內：“大清乾隆叁拾叁年（公元1768年）立”。

17. 陵川城崇安寺鐘樓正脊中心背面立牌內：“大清乾隆叁拾叁年（公元1768年）立”。

18. 渾源城永安寺山門脊剎背面立牌內：“大清乾隆三十七年（公元1772年）九月立”。

19. 平遙東泉鎮百福寺大雄寶殿脊剎背面立牌內：“大清乾隆肆拾年（公元1775年）歲在乙未仲春吉且造工匠曹斌王春祥”（已毀）。

20. 陽城湯王廟獻亭後坡垂獸上題字：“……乾隆伍拾壹年（公元1786年）仲春造（琉璃匠）喬貞同侄樂善”。

21. 潞城東邑龍王廟龍王殿脊剎背面立牌內：“嘉慶叁年（公元1798年）伍月初柒日立”。

22. 陽城劉村琉璃影壁壁身右下角嵌磚內：“大清嘉慶戊午（三年，公元1798年）荷月喬昌泰喬和泰造”（已毀）。

23. 榆次市城隍廟山門前脊剎背面立牌內：“嘉慶三年（公元1798年）八月造”。

24. 翼城曹公村關帝廟山門正脊上兩座橋邊勾欄下角：北橋為“大清嘉慶二十三年（公元1817年）五月初一日”；南橋為“陝西朝邑縣匠工張秀春□造”。

25. 榆次智村志公琉璃塔塔身三層南向門聯刻字：“清道光拾年歲次庚寅（公元1830年）莛賓月（四月）夏鄉人重修立”。

26. 介休城后土廟后土殿梁架脊槫下皮：“大清道光十三年（公元1833年）歲次癸巳九月初九日卯時上梁大吉謹誌”。

27. 介休后土廟樂樓梁脊部題字：“大清道光十四年（公元1834年）歲次甲午仲夏吉且重修大吉謹誌”。

28. 介休后土廟山門梁架脊部題字：“大清道光十五年（公元1835年）五月十三日……上梁大吉”。

29. 介休后土廟過殿後門橫披板上題字：“大清道光十五年（公元1835年）歲次乙未三月二十九日乙卯時重建上梁大吉誌”。

30. 介休后土廟門前琉璃影壁正面右上角：“大清道光十五年（公元1835年）乙未五月造”。

31. 介休后土廟門前琉璃影壁背面右上隅：“道光十五年（公元1835年）造”。

32. 介休后土廟門前東側琉璃影壁左上隅：“張仁德造”。

33. 長子紫雲山崇慶寺千佛殿脊剎背面立牌內：“咸豐元年（公元1851年）”。

34. 太原鐵家巷天慶宮正殿脊筒背面：“大清咸豐六年（公元1856年）歲次丙辰仲夏吉且造”（已毀）。

35. 榆次市城隍廟後殿脊剎背面立牌內：“……咸豐十年（公元1860年）五月日吉造”。

36. 太原都司街水草庵正殿脊剎背面下部立牌內：“大清同治六年（公元1867年）歲在丁卯三月十五日吉造”（已毀）。

37. 介休北辛武村真武廟廟內《新建真武廟牌坊記》碑：“新建真武大帝祠前牌坊……起工於光緒十七年（公元1891年）歲在辛卯完工於二十三年（公元1897年）歲在丁酉……大清光緒二十三年歲次丁酉仲冬吉且立”。

四○　太谷圓智寺觀音殿正脊背面題記

38. 介休辛武村眞武廟影壁正面明間左柱下隅嵌磚:"光緒丁酉年(二十三年,公元1897年)亭造立"。

39. 介休城隍廟門前琉璃影壁下部嵌磚:"大清光緒三十三年(公元1907年)歲次丁未仲夏吉旦造介休琉璃匠景光獸匠王樹森造"。

上述清代衆多題記中大多是紀年,提到琉璃匠師的僅有十三款。由此分析,清代匠師分佈在九個市、縣,共二十五人:陽城八人、長子縣三人、太原二人、平遙二人、榆次三人、稷山二人、襄汾一人、陝西朝邑一人。這些匠師除陽城喬氏自明代傳承延續外,其餘匠師姓氏多不相同。其中介休匠師,明代正統年間(公元1436—1449年)有王世虎、王□□,清末光緒年間(公元1875—1908年)有王樹森。太原匠師明代嘉靖年間(公元1522—1566年)有張天福,萬曆年間(公元1573—1620年)有張鸞,清順治年間有張希洲、張希友。他們之間是否有傳承關係,或者就是一家,不得而知。尤其是介休王氏,前後年代間距很長,輩份排列無法論定。在區域方面,已知清代僅留題匠師籍貫九個縣,較明代顯著減少。其中陽城、介休、太原、平遙和陝西朝邑五處,明代已有匠師,清代又承襲製作。其餘榆次、襄汾、稷山、長子等地均爲初次發現,或者早有匠師但題記甚少而不爲世人所聞。比如早在宋、金時期,榆次已有孟家井瓷窯,並從窯址中發現有琉璃殘片,但調查中始終未見榆次匠師的題記。太谷圓智寺觀音殿正脊背面南隅的"雍正十二年(公元1734年)四月吉日補造……榆次縣琉璃匠張五全男張梁李成"的題記(圖四○),彌補了這一空白。

陽城東關喬氏,自介休廣濟寺發現明正統十三年(公元1448年)題記以來,傳承關係明確,班輩系列清晰。尤以嘉靖到萬曆期間(公元1522—1620年)匠師衆多。明末崇禎時期(公元1628—1644年)"常"字輩爲盛,有喬常大、喬常興、喬常遠、喬常正及晚輩喬喜善、喬喜福等。清代留題之風大減,道光之後留題匠師更爲稀有,然而現有題記中順治六年(公元1649年)有喬常圖領作,康熙年間(公元1662—1722年)有喬鷙、喬彥軍、喬祥等匠師留題,乾隆年間(公元1736—1795年)有喬眞及門侄喬樂善爲匠首,嘉慶年間(公元1796—1820年)還有喬常泰、喬和泰等的題記。其間傳承關係長達三百七十餘年。

以琉璃製作爲業,祖輩相傳至今的琉璃世家,除陽城東關和後則腰喬氏(雍正二年,公元1726年,由東關喬家遷居於此)外,已知的還有始於嘉靖年間(公元1522—1566年)的太原馬莊山頭蘇氏,始於萬曆時期(公元1573—1620年)的河津東堯頭呂氏。從東堯頭呂氏家族保留的部份牌位中,可以找到乾隆時期(公元1736—1795年)以來呂姓琉璃匠師的名字和承傳關係:呂時鷔,子長勝、長興、長泰,孫銀管、學平,曾孫煥章、煥文、煥新、煥賓,玄孫鴻漸、鴻才及其堂門呂遠忠等。他們先後燒造過解州關帝廟、永濟奶奶廟、曲沃城隍廟、河南靈寶后土廟、稷山五龍宮和河津天神廟、靑龍廟、祖師廟、太陽廟、娘娘廟、萬王廟等廟堂建築上的琉璃。

此外,介休賈村侯氏自明萬曆三十五年(公元1607年)由山西移居遼寧海城縣缸窯嶺,至清初順治元年(公元1644年)始設琉璃窯承做瀋陽故宮大政殿及昭陵、福陵、永陵等各處琉璃。其窯業頗興,世襲相傳。至清中葉以後匠師竟達三十七人之多。從世襲關係看,他們恐與明初北師屯廣濟寺題記中的"本村琉璃匠侯景中男侯士謙……"有關,或者就是一家。

註　釋

〔1〕　蔣玄怡《古代琉璃》，《文物》1959年第 6 期；參見《辭源·穆天子傳》。

〔2〕　宋伯胤《關於我國陶瓷源流問題的探討》，《中國古陶瓷論文集》，文物出版社1982年版。

〔3〕　《中國陶瓷史》，文物出版社1982年版。

〔4〕　中國科學院上海硅酸鹽研究所張福康、張志剛《中國歷代低溫色釉和釉上彩的研究》，《中國古陶瓷論文集》，文物出版社1982年版。

〔5〕　北京大學中國文學史教研室選註《兩漢文學史參考資料》，中華書局版。

〔6〕　王克林《北齊庫狄回洛墓》，《考古學報》1979年第 3 期。陶正剛《山西祁縣白圭北齊韓裔墓》，《文物》1975年第 4 期。

〔7〕　蔣玄怡《古代琉璃》，《文物》1959年第 6 期。

〔8〕　明·崔顯《嘉靖彰德府誌》卷八《鄴都宮室誌》，上海古籍書店1964年版。

〔9〕　梅健鷹、李武英《唐三彩》，《文物》1979年第 2 期。

〔10〕　劉敦楨主編《中國古代建築史》，中國建築工業出版社1980年10月第1版。

〔11〕　五臺南禪寺大殿，唐建中三年（公元782年）重建時，於寺西南隅距圍牆6米處燒造磚瓦。1982年修砌護坡時，發現古窰址一座，內有細繩紋磚殘塊，證明唐代寺內磚瓦燒造於此。

〔12〕　我國歷史上"天會"年號有二：一爲五代十國北漢劉鈞和何繼元（公元957—973年）；二爲金太宗完顏晟和熙宗完顏亶（公元1123—1137年）。五代十國北漢天會第十四年爲庚午，金天會第十四年爲丙辰。碑文中"天會十四年庚午歲秋七月十五日"，當是五代十國北漢天會之際。

〔13〕　見叢書集成初編本（宋）范成大《攬轡錄》，四部叢刊本（宋）樓鑰《攻媿集》卷111、112"北行日錄"。

〔14〕　陳萬里《談山西琉璃》，《文物參考資料》1956年第 7 期。

〔15〕　梁思成、林徽因《晉汾古建築預查記略》內的《汾陽峪道河龍天廟》篇中記有匾款，任塘成字跡不清，子孫姓名皆詳。

〔16〕　劉敦楨《琉璃窰軼聞》，《中國營造學社彙刊》第二卷第三期。

〔17〕　高壽田《山西琉璃》，《文物》1962年第 4 、 5 期合刊。

〔18〕　北京智化寺琉璃香爐，高約0.7米，衝耳，三足。足上貼有獸面，爐身雕牡丹及盤龍（前、後各兩條），爐邊橫刻"文水馬東都匠"題款。爐原存東華門外古董舖，後置智化寺內。陳萬里《談山西琉璃》。

〔19〕　芮城永樂宮玄帝廟，原在芮城縣西22公里的永樂鎮，明嘉靖四十二年（公元1563年）建，琉璃構件同時燒造。1959年因治理黃河工程，遷至現永樂宮新址東側復原保存。

〔20〕　晉祠景清門，元代建，明代重修。初建基址在唐叔虞祠南百步許，明代移於祠內東南角。1980年又移建於祠南奉聖寺山門基址上。殿頂琉璃爲明代燒製，屢次修葺均原件重裝，至今仍是明代遺物。

〔21〕　太平興國寺，在大同市南關。明萬曆乙未年（二十三年，公元1595年）建，門前五龍琉璃影壁亦爲建寺時所造。現在寺廟建築大多不存，琉璃影壁在1980年遷至城內善化寺西側復原保存。

〔22〕　沁縣城內關王廟，宋熙寧十年（公元1077年）建，僅存門前牌坊一座和萬曆十九年（公元1591年）琉璃獅子一對，1973年移置南涅水石刻藝術陳列館保存。

〔23〕　陽城壽聖寺香爐，高約0.65米，三足，衝耳。一足殘，足上部有獸面，爐腹部雕牡丹花。缸胎，黃綠釉，剝釉嚴重。刻有"壽聖寺造……大明崇禎三年，……匠人宋德士"。爐原存北京東四南大街古董舖中。參見陳萬里《談山西琉璃》。

〔24〕　大槐樹在洪洞縣北門外，現存碑記明永樂年間（以元1403—1424年）幾次徙民，由洪洞去滁州、北京、山東、河南、安徽各地。參見《洪洞大槐樹碑錄》及《介休縣誌》。

〔25〕　調查中，陽城喬承先老匠師講晉城與河南修武、博愛等縣向來交通方便，琉璃工藝相互傳襲。陽城匠人曾在河南黃河以北的縣製作過琉璃。據修武匠師講，他們的技藝就是陽城匠人傳授的。河津老匠師呂煥文說，河津和陝西朝邑、韓城、宜川等縣僅一河相隔，河津匠師常去韓城、朝邑、宜川等地製作琉璃。據說朝邑的琉璃工藝配方都傳自河津。

〔26〕 水陸畫源於佛教中水陸齋儀，又稱水陸道場。佛寺中作水陸道場要繪製水陸畫軸，懸於殿堂之內。山西洪洞廣勝寺、右玉寶寧寺的水陸畫軸至今尚存。稷山青龍寺、渾源永安寺，則將水陸畫繪在殿內四壁。水陸畫內容有諸佛天衆、諸菩薩衆、阿修羅衆、十八明王、諸弟子衆、五方諸帝、太乙諸神、十二星辰、四宮天神、道門諸仙、日月天子、王宮聖母、諸位星君、古代帝王、后妃、忠臣、良將、冠儒、孝子、賢婦、順孫、九流等等，集儒、釋、道於一堂。

〔27〕 陳萬里《談山西琉璃》。

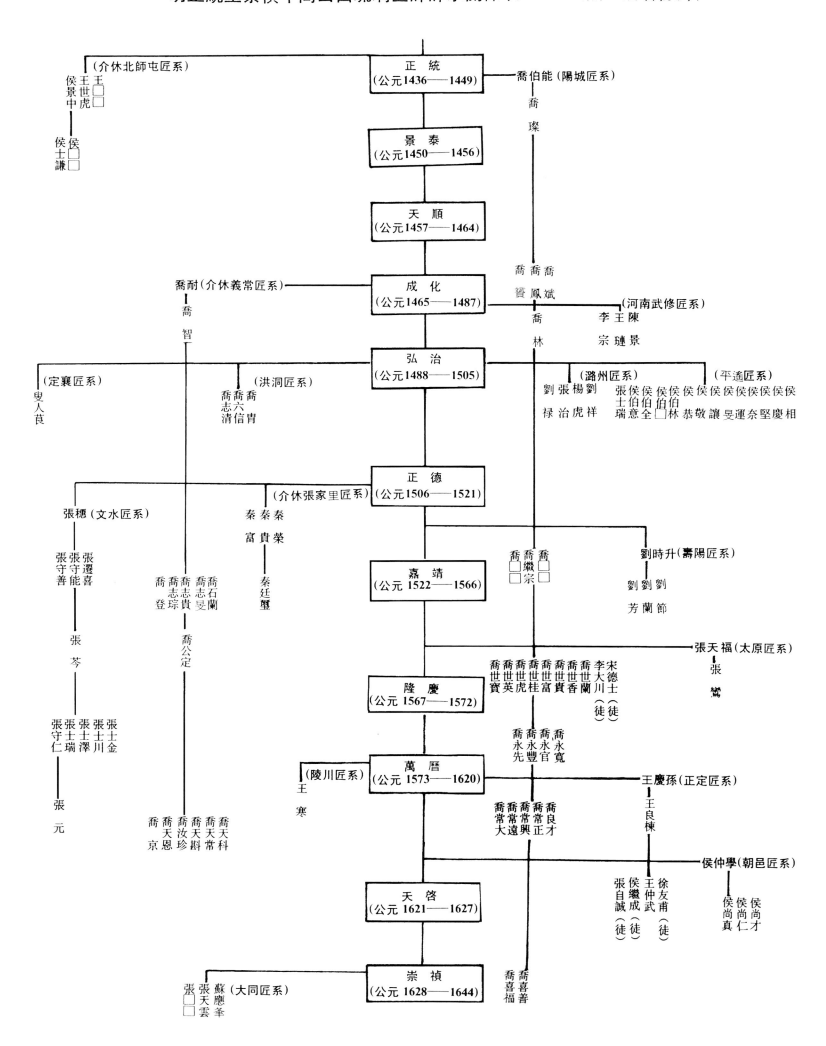

明正統至崇禎年間山西琉璃匠師師承關係表　　（無里居者除外）

彩色圖版

二　緑釉陶樓　漢

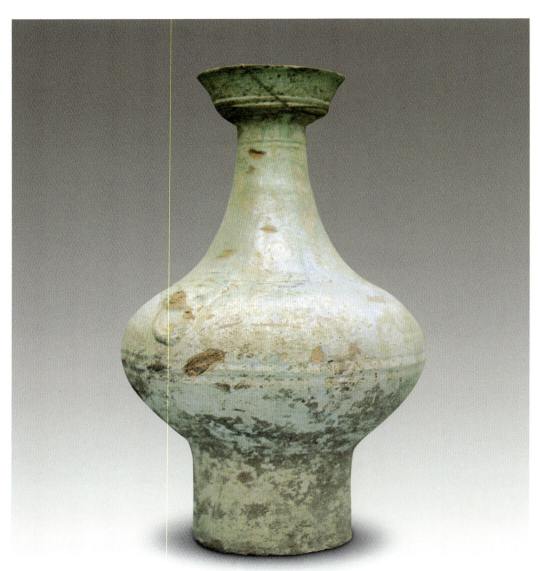

三　銀釉瓶　漢

四　騎馬俑　北魏

五　墓俑　北魏

六　墓俑　北魏

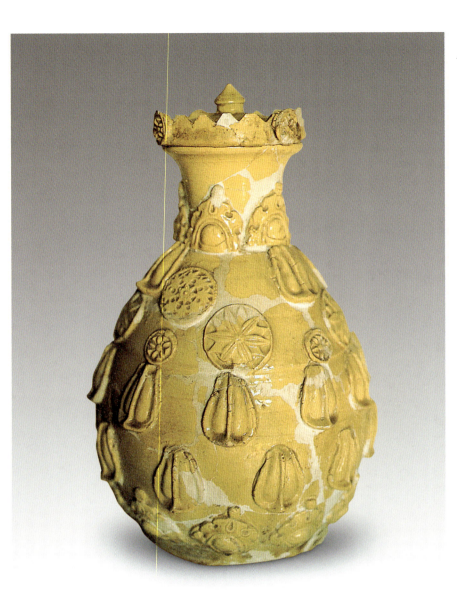

七　蓮花寶相尊　北齊

八　龍柄鷄頭壺　北齊

九　緑釉菩薩像　隋

一〇　三彩瓶　唐

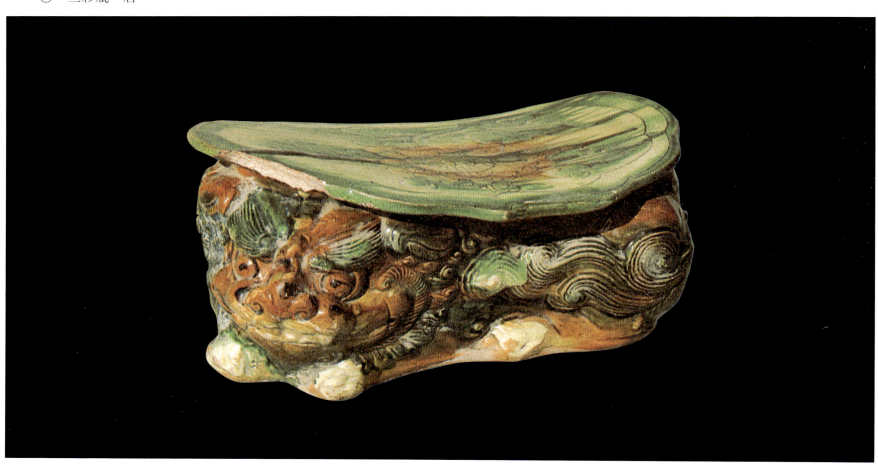

一一　三彩虎枕　唐

一二　三彩観音菩薩像　宋

一三　三彩蓮蓬蹲獅薰爐　宋

一四　黃釉海獅　宋

一五　黃綠釉海獅　宋

一六　崇福寺彌陀殿垂獸　金

一七　彌陀殿鴟吻　金

一八　彌陀殿武士　金

一九　彌陀殿武士　金

二〇　華嚴寺大雄寶殿鴟吻　金

二一　華嚴寺薄伽教藏殿垂獸　金

二二　薄伽教藏殿鴟吻　金

二三　薄伽教藏殿鴟吻　金

二四　太陰寺大雄寶殿
　　　垂獸　金

二五　定林寺雷音殿脊刹
　　　力士與題記　金

二六　雷音殿脊刹　金

二七　雷音殿垂獸麒麟　金

二八　雷音殿垂獸飛馬　金

二九　玉皇廟玉皇殿獅子　金

三〇　玉皇殿脊部人物——二十八宿
　　"胃土雉""女土蝠"　金

三一　玉皇殿脊部人物——二十八宿
　　"牛金牛""奎目狼"　金

三二　玉皇殿脊部人物——二十八宿
　　"心月狐""角木蛟"　金

三三　玉皇殿脊部人物——二十八宿
　　"毕日鸟""壁水貐"　金

三四　玉皇殿脊部人物——二十八宿
　　"柳土獐""娄金狗"　金

三五　玉皇殿脊部人物——二十八宿
　　"张凤鹿""井木犴"　金

三六　玉皇殿脊部人物——二十八宿
"亢金龍""氐土貉"　金

三七　玉皇殿脊部人物——二十八宿
"軫水蚓""觜火猴"　金

三八　玉皇殿脊部人物——二十八宿
"鬼金羊""參水猿"　金

三九　玉皇殿脊部人物——二十八宿
"箕水豹""房日兔"　金

四〇　玉皇殿脊部人物——二十八宿
"門目獬""危月燕"　金

四一　玉皇殿脊部人物——二十八宿
"室火豬""星月馬"　金

四二　永樂宮三清殿套獸及嬪伽　元

72

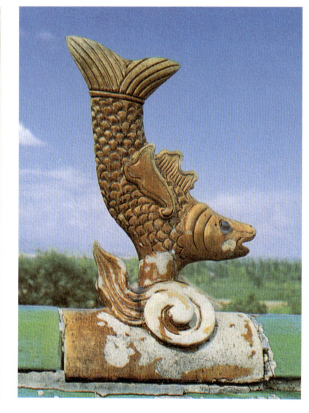

74

四六　三清殿鴟吻　元

四七　三清殿鴟吻　元

四八　三清殿二龍戲珠脊飾　元

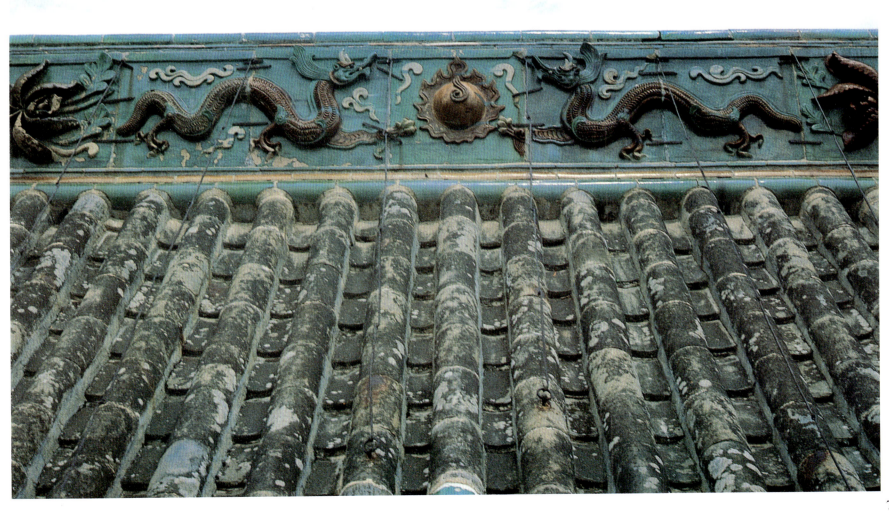

四九　三清殿脊飾仙人　元

五〇　三清殿脊飾昇龍　元

五一　三清殿脊飾丹鳳朝陽　元

五二　永樂宮純陽殿鴟吻　元

五三　永樂宮純陽殿鴟吻　元

五四　永樂宮重陽殿套獸及嬪伽　元

五五　重陽殿西鴟吻　元

五六　永樂宮琉璃香爐　元

五七　文廟大成殿鴟吻正面　元

五八　文廟大成殿鴟吻背面　元

五九　大成殿嬪伽　元

六〇　大成殿正脊雕龍（一）　元

六一　大成殿正脊雕龍（二）　元

六三　大成殿正脊雕龍（四）　元

六四　大成殿正脊雕龍（五）　元

六二　大成殿正脊雕龍（三）　元

六五　大成殿正脊雕龍（六）　元

六七　大成殿刹座背面立牌　元

六八　大成殿琉璃題記　元

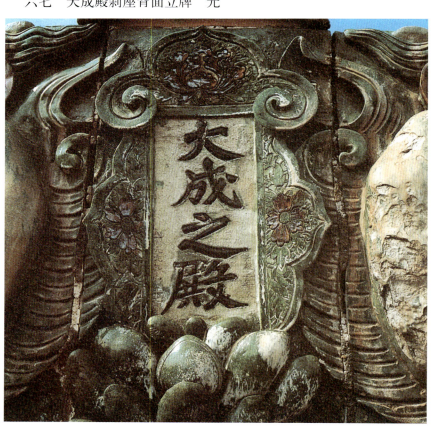

六九　佛光寺文殊殿海獅　元

七〇　佛光寺東大殿菩薩像　元

七一　東大殿鴟吻　元

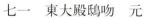

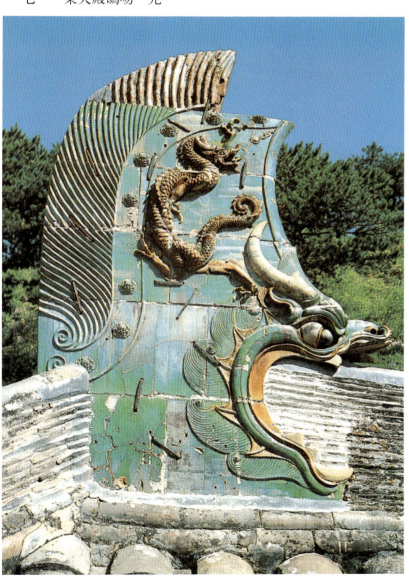

七二　東大殿鴟吻　元

七三　文殊殿脊刹正面雕飾　元

七四　文殊殿脊刹背面及題記　元

七五　文殊殿脊刹正面力士　元

七六　玉皇廟玉皇殿鴟吻　元

七七　玉皇殿垂獸　元

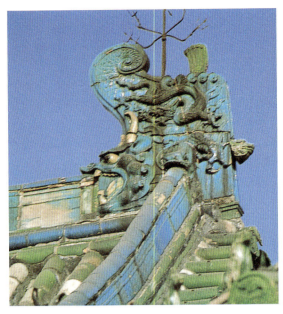

七八　崇善寺大悲殿鴟吻　明

七九　報恩寺侏儒燈臺　明

八〇　報恩寺菩薩頭像　明

八一　后土廟三清樓垂獸　明

八二　慈雲寺毗盧殿化生童子　明

八三　毗盧殿鴟吻　明

八四　毗盧殿垂獸　明

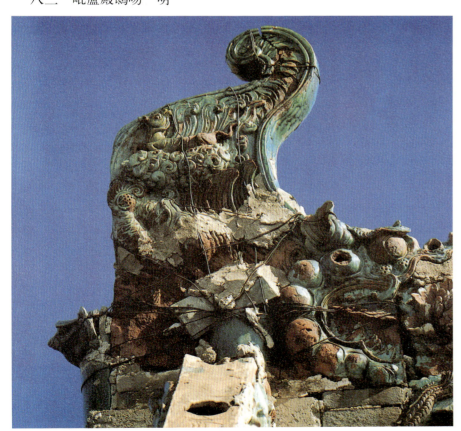

八五　竇大夫祠山門西次間團龍　明

八六　山門東梢間團龍

八七　文廟欞星門東次間團龍　明

八八　文廟欞星門西次間團龍　明

八九　九龍壁左起第一龍　明

九〇　九龍壁左起第二龍　明

九一　九龍壁左起第三龍　明

九二　九龍壁左起第四龍　明

九三　九龍壁左起第六龍　明

九四　九龍壁左起第七龍　明

九五　九龍壁　明

九六　廣濟寺天王殿鴟吻　明

九七　廣濟寺地藏殿鴟吻　明

九八　地藏殿脊飾鳳凰　明

九九　廣濟寺觀音殿鴟吻　明

一〇〇　觀音殿垂獸　明

一〇一　觀音殿脊剎　明

一〇二　廣勝上寺大雄寶殿正脊蹲虎　明

一〇三　大雄寶殿脊飾蹲獅　明

一〇四　黑釉寶剎脊座　明

一〇五　黑釉武士　明

一〇六　黑釉仙人　明

94

一〇七　琉璃獅子　明

一〇八　琉璃雌獅　明

一〇九　狄青像龕　明

一一〇　琉璃海馬　明

一一一　玉皇廟山門鴟吻　明

一一二　山門脊飾行龍　明

一一三　山門脊飾乘馬仙人　明

一一四　山門脊飾仙人　明

一一五　玉皇廟前殿脊刹　明

一一六　廣勝下寺前殿
鴟吻　明

一一七　前殿脊飾童子（一）　明

一一八　前殿脊飾童子（二）　明

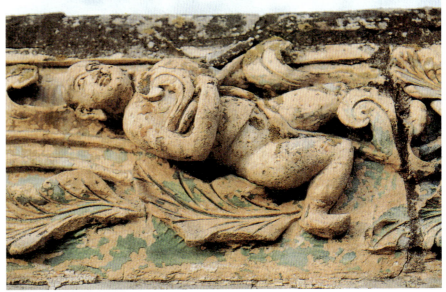

一二〇　獻亭題記　明

一二一　獻亭雕龍　明

一二二　法興寺菩薩殿脊部行龍　明

一二三　菩薩殿垂獸　明

一二四　洪福寺大雄寶殿鴟吻　明

一二五　大雄寶殿垂獸　明

一二六　雙林寺天王殿脊部行龍　明

一二七　天王殿琉璃題記　明

一二八　天王殿垂獸　明

一二九　廣勝上寺毗盧殿脊部琉璃　明

一三〇　毗盧殿鴟吻　明

一三一　毗盧殿化生童子　明

一三二　文廟大成殿鴟吻　明

一三三　大成殿脊剎　明

一三四　大成殿垂獸　明

102

一三六　千佛殿脊刹細部　明

一三七　千佛殿正脊立鳳　明

一三八　千佛殿嬪伽套獸　明

一三九　千佛殿垂獸　明

一四○　千佛殿正脊武士　明

一四一 千佛殿脊飾八仙——呂洞賓 明

一四二 千佛殿脊飾八仙——何仙姑 明

一四三 千佛殿脊飾八仙——藍采和 明

一四四 千佛殿脊飾八仙——漢鍾離 明

一四五　佛光寺香爐　明

一四六　青蓮寺獅子　明

一四七　南神廟麒麟　明

一四八　南神廟太子出行圖局部　明

一四九　耶輸夫人棺罩立鳳　明

一五〇　關帝廟寢殿歇山琉璃壁　明

一五一　寢殿鴟吻　明

一五二　寢殿脊剎　明

一五三　廣勝上寺飛虹塔　明

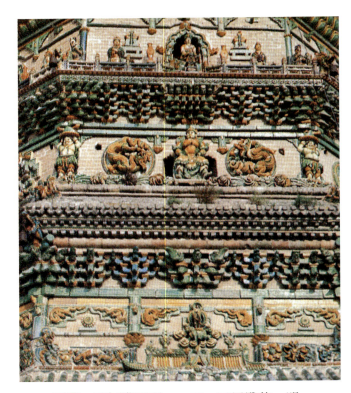

一五四　飛虹塔西面一、二、三層雕飾　明

一五五　飛虹塔西面二層金剛像　明

一五六　飛虹塔西面二層轉角力士及團龍　明

一五七　飛虹塔西面二層團龍　明

一五八　飛虹塔西面三層文殊菩薩像　明

一五九　飛虹塔西北面三層雕飾　明

一六〇　飛虹塔西北面一層雕飾　明

一六一　飛虹塔西北面二、三、四層雕飾　明

一六二　飛虹塔西北面二層雕飾　明

一六三　飛虹塔西北面三層雕飾　明

一六四　飛虹塔北面二層雕飾　明

一六五　飛虹塔北面一層雕飾　明

一六六　飛虹塔東北面二、三、四層雕飾　明

一六八　飛虹塔東面一層普賢菩薩像　明

114

一六九　飛虹塔東南面二層雕飾　明

一七〇　飛虹塔東南面三層地藏菩薩像　明

一七一　飛虹塔南面二層騎獅金剛像　明

一七二　飛虹塔南面二層降龍金剛像　明

一七三　飛虹塔西南面一、二、三層雕飾　明

一七四　飛虹塔西南面三層雕飾　明

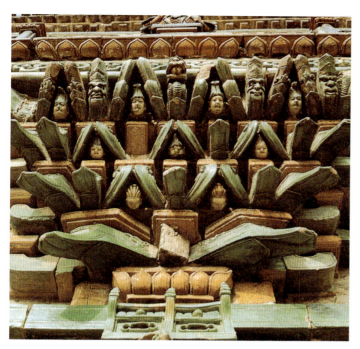

一七五　飛虹塔補間斗栱雕飾　明

一七六　飛虹塔轉角斗栱　明

一七七　飛虹塔一層藻井　明

一七八　飛虹塔戧獸　明

一七九　廣勝上寺地藏殿脊剎　明

一八〇　地藏殿正脊化生童子　明

一八一　地藏殿正脊化生童子　明

一八二　地藏殿脊飾飛馬　明

一八三　地藏殿脊飾飛馬　明

一八四　地藏殿脊飾飛馬　明

一八五　地藏殿脊飾獅子　明

一八六　地藏殿脊飾花卉　明

一八七　地藏殿脊飾武士　明

一八九　城隍廟西大影壁題記　明

一八八　城隍廟西大影壁麒麟　明

一九〇　城隍廟東小影壁壁心　明

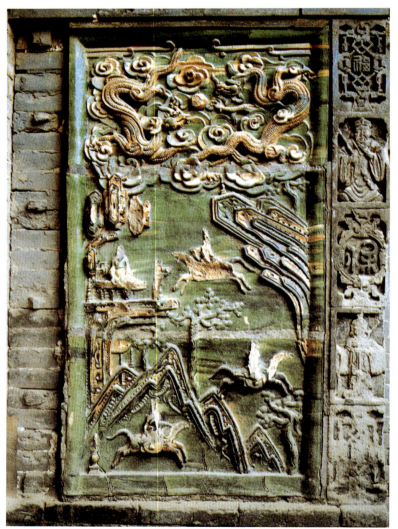

一九一　城隍廟城隍殿山花琉璃　明

一九二　資壽寺天王殿東鴟吻　明

一九三　天王殿西鴟吻　明

一九四　天王殿脊飾飛馬及鳳凰　明

一九五　天王殿脊飾行龍　明

一九六　天王殿脊刹　明

一九七　天王殿脊飾獸面童子和飛馬武士　明　　　　　　　　　　　　　　一九八　天王殿脊飾大鵬鳥和飛馬武士　明

一九九　城隍廟城隍殿脊飾飛鳳、花卉及飛馬武士　明

二〇〇　城隍殿脊飾行龍、花卉及飛馬武士　明

二〇一　城隍殿脊飾行龍及大鵬鳥　明

二○二 城隍殿脊飾
大鵬鳥 明

二○三 城隍殿脊飾化生童子 明

二○四 城隍殿脊飾飛鳳 明

二〇五　城隍殿脊飾飛馬武士　明

二〇六　城隍殿脊飾飛馬武士　明

二〇七　城隍殿獻亭脊剎　明

二〇八　城隍殿垂獸　明

二〇九　關帝廟獻亭脊飾馬童　明

二一〇　獻亭脊飾武士　明

二一一　獻亭脊飾武士　明

二一二 關帝廟西垛殿鴟吻 明

二一三 西垛殿脊刹 明

二一五　關帝殿脊剎題記　明

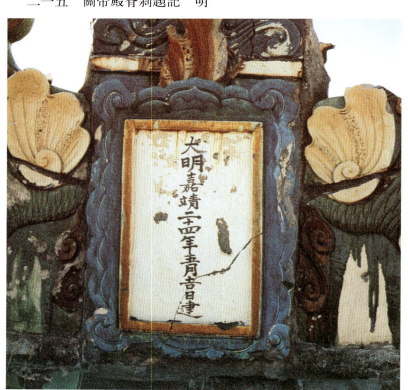

二一六　關帝殿垂獸　明

二一七　圓智寺觀音殿鴟吻　明

二一八　觀音殿脊刹獅子　明

二一九　圓智寺大覺殿脊刹　明

129

二二一　東配殿脊飾行龍　明

二二〇　浄信寺前院東配殿鴟吻　明

二二二　浄信寺前院西配殿垂獸　明

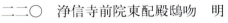

二二三　浄信寺鼓樓題匾　明

二二四　晋祠聖母殿脊刹　明

二二五　聖母殿垂獸　明

二二六　聖母殿鴟吻　明

二二七　晋祠獻殿鴟吻　明

二二八　獻殿脊刹　明

二二九　晋祠金人臺樓閣　明

二三一　毗盧殿羅漢像　明

二三二　毗盧殿羅漢像　明　　　　二三三　毗盧殿羅漢像　明　　　　二三四　毗盧殿羅漢像　明

二三五　毗盧殿羅漢像　明　　　　二三六　毗盧殿羅漢像　明　　　　二三七　毗盧殿羅漢像　明

二三八　毗盧殿羅漢像　明

二三九　毗盧殿羅漢像　明

二四〇　毗盧殿羅漢像　明

二四一　毗盧殿羅漢像　明

二四二　毗盧殿羅漢像　明

二四三　毗盧殿羅漢像　明

二四四　毗盧殿菩薩像　明

二四五　毗盧殿垂脊海馬　明

二四六　毗盧殿垂脊蹲獅　明

二四七　城隍廟玄鑒樓題記　明

二四八　玄鑒樓鴟吻　明

二四九　玄鑒樓脊部羅漢　明

二五〇　玄鑒樓脊部行龍　明

二五一　城隍廟舞臺垂獸　明

二五二　舞臺脊部行龍　明

二五三　舞臺脊部行龍　明

138

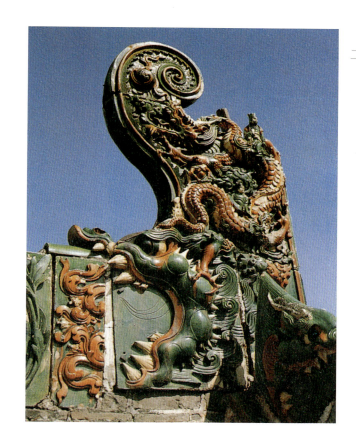

二五四　舞臺鴟吻　明

二五五　舞臺鴟吻細部　明

二五六　舞臺鴟吻細部　明

二五七　城隍廟後殿鴟吻　明

二五八　後殿脊部行龍　明

二五九　後殿脊部行龍　明

二六〇　四聖宮舞臺仙人　明

二六一　四聖宮四聖殿脊部鳳凰　明

二六二　四聖殿脊部行龍　明

141

二六三　四聖宮舞臺鴟吻　明

二六四　舞臺垂獸　明

二六六　玄帝廟脊部行龍　明

二六五　永樂宮玄帝廟鴟吻　明

二六八　玄帝廟垂獸　明

二六七　玄帝廟山花琉璃壁　明

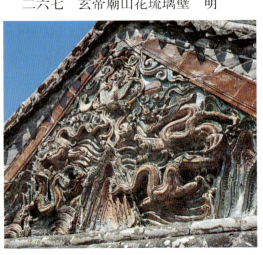

143

二六九　晋祠景清門脊剎及題記　明

二七〇　景清門鴟吻　明

二七一 關帝廟端門前琉璃影壁 明

二七三　琉璃影壁細部　明

二七二　琉璃影壁細部　明

二七五　琉璃影壁細部　明

二七四　琉璃影壁細部　明

二七六　黄緑釉琉璃香爐　明

二七七　龍鳳香爐　明

二七八　盤龍蠟臺　明

二七九　三彩捲尾鳳吻　明

二八〇　黄緑釉琉璃坐龍　明

二八一　黄緑釉琉璃缸　明

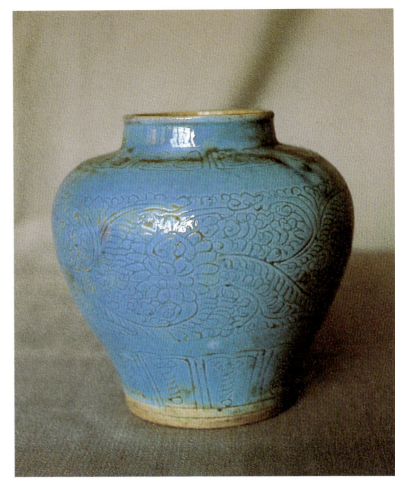

二八三　黑底珐華罐　明　　　　　　　　　　　　　　　　二八四　孔雀藍釉隱花罎　明

二八五　三彩琉璃獅子　明

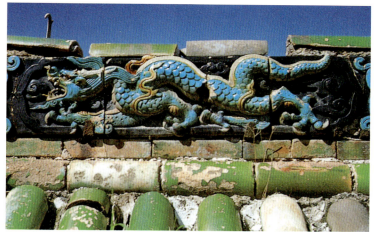

二八六　東嶽廟獻亭脊部行龍　明

二八七　獻亭鴟吻　明

二八八　東嶽廟齊天大帝殿脊刹樓閣　明

二八九　齊天大帝殿鴟吻　明

二九〇　齊天大帝殿化生童子　明

二九一　齊天大帝殿懸魚　明

二九二　東嶽廟寢殿鴟吻　明

二九三　海會寺雙塔　明

二九四　舍利塔第十層細部　明

153

二九五　净土寺大雄寶殿脊刹　明

二九六　真澤二仙宮後殿鴟吻　明

二九七　後殿鴟吻　明

二九八　後殿押魚　明

155

三○○　純陽宮玉皇閣鴟吻　明

二九九　純陽宮頂部琉璃　明

三○一　純陽宮九角亭　明

三〇二　圓智寺東配殿鴟吻　明

三〇三　東配殿脊部行龍　明

三〇四　太符觀山門隔間
　　　影壁團龍　明

三〇五　山門隔間影壁
　　　團龍　明

三〇六　關王廟獅子　明

三〇七　關王廟題記　明

三〇八　泰山廟東嶽殿鴟吻　明　　　　　　　　　　　　　三〇九　東嶽殿吻側仙人　明

三一〇　東嶽殿脊部行龍　明

三一一　楓林寺萬佛塔　明

三一二　崇善寺香爐　明

三一三　興國寺五龍壁　明

三一四　晋祠聖母殿供桌　明

三一五　晉祠鐘樓頂部飾件　明

三一六　鐘樓鴟吻　明

三一七　鐘樓脊刹　明

三一八　多福寺觀音閣鴟吻　明

三一九　多福寺雙耳盤龍瓶　明

三二〇　文廟影壁團龍　明

三二一　觀音堂三龍壁南壁　明

三二二　觀音堂三龍壁北壁　明

三二三　靈光寺琉璃塔　明

三二四　琉璃塔題記　明

三二五　壽聖寺琉璃塔　明

三二六　琉璃塔四、五層細部　明

三二七　琉璃塔七、八層細部　明

三二八　琉璃塔題記　明

三二九　空王祠正殿脊部行龍及飛馬武士　明

三三〇　正殿脊刹　明

三三一　正殿鴟吻　明

三三二　空王祠"空王古　三三三　空王祠"勅建空王書
　　　　佛"琉璃碑　明　　　　　　祠碑記"碑　明

169

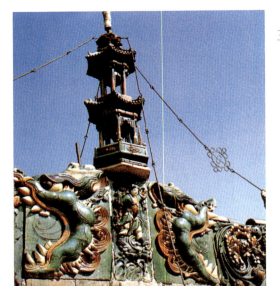

三三四　玉皇觀獻殿脊剎　明

三三五　獻殿脊剎題記　明

三三六　獻殿脊剎細部　明

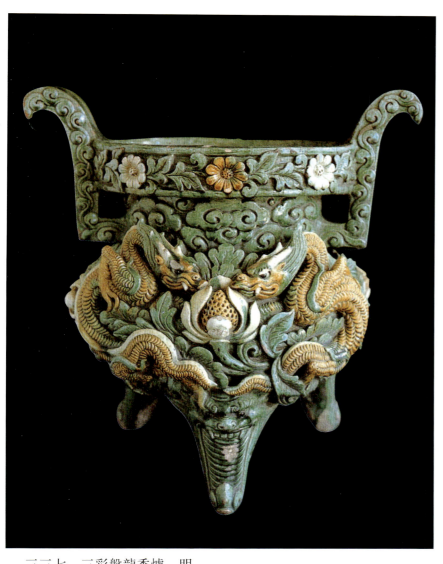

三三七　三彩盤龍香爐　明

三三八　黃藍釉盤龍香爐　明

三三九　盤龍插花瓶　明

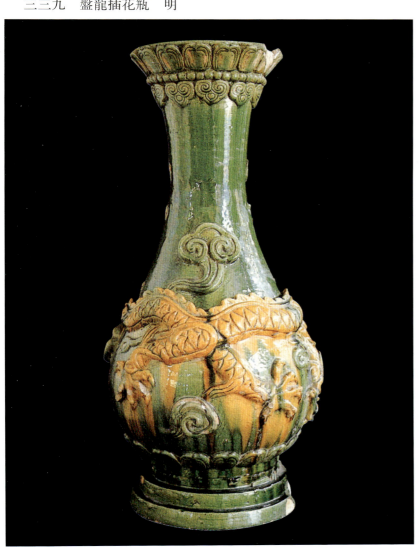

三四〇　盤龍雲罐　明

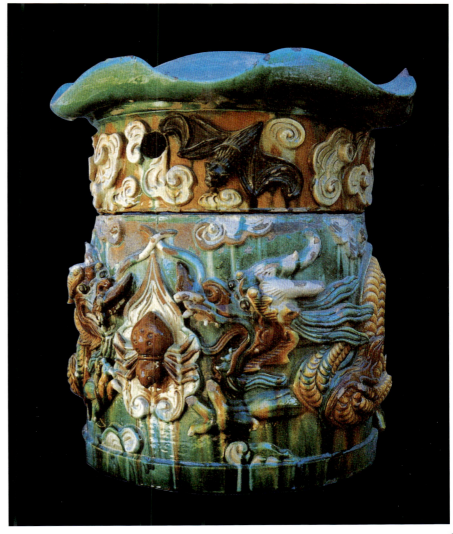

三四一　花轎及轎夫俑　明

三四二　三彩樂俑　明

三四三　三彩舞俑　明

三四四　廣勝上寺飛虹塔圍廊及龜須座　明

三四五　飛虹塔龜須座殿頂脊飾　明

三四七　飛虹塔圍廊脊部花卉　明

三四八　飛虹塔圍廊脊部花卉　明

三四九　府君廟前殿鴟吻　明

三五〇　小西天大雄寶殿鴟吻　明

三五一　大雄寶殿脊部花卉及飛馬武士　明

三五二　雲岡五窟窟檐鴟吻　清

三五三　雲岡五窟窟檐行龍　清

三五四　雲岡六窟窟檐鴟吻　清

三五五　般若寺大雄寶殿栱眼壁　清

三五六　般若寺大雄寶殿栱眼壁　清

三五八　大雲寺塔細部　清

三五九　大雲寺塔細部　清

三六〇　東嶽廟行宮大殿脊部飛馬武士　清

三六一　行宮大殿脊部飛馬武士　清

三六二　行宮大殿脊部海馬　清

三六三 五臺山菩薩頂琉璃 清

三六四 菩薩頂大雄寶殿鴟吻 清

三六五 菩薩頂影壁團龍 清

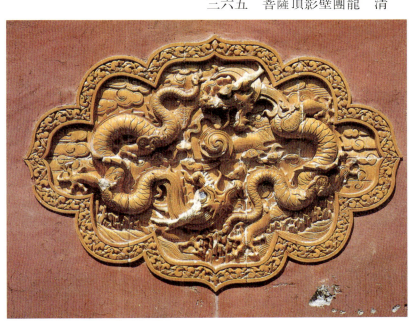

三六六　靈貺王廟正殿脊部行龍　清

三六七　正殿脊飾騎馬仙人　清

三六八　正殿脊飾仙人　清

三六九　正殿脊飾花卉　清

三七〇　永安寺傳法正
　　　宗殿脊刹　清

三七一　傳法正宗殿脊飾鳳凰　清

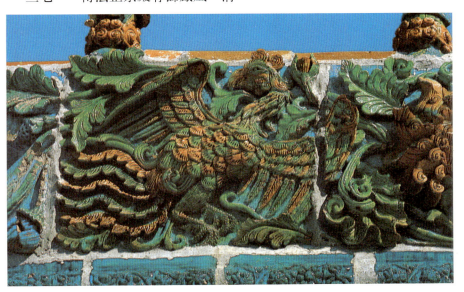

三七二　傳法正宗殿脊飾行龍　清

三七三　傳法正宗殿鴟吻　清

三七四　傳法正宗殿鴟吻　清

三七五　傳法正宗殿脊飾仙人　清

三七六　傳法正宗殿脊飾仙人　清

三七七　崇安寺鼓樓鴟吻　清

三七八　鼓樓題記　清

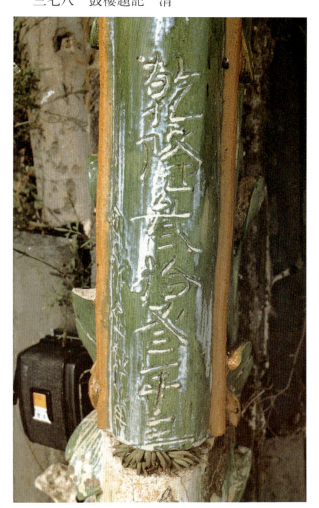

三七九　崇安寺鐘樓垂獸　清

三八〇　大佛山天寧寺塔　清

三八一　博濟寺琉璃塔　清

三八二　智村琉璃塔　清

三八三　關帝廟戲臺鴟吻　清

三八四　關帝廟正殿鴟吻　清

三八五　關帝廟山門脊剎　清

三八六　山門脊飾　清

三八七　清夢觀三清殿脊飾鳳凰　清

三八八　三清殿脊飾仙人　清

三八九　三清殿脊飾仙人　清

三九一　后土廟山門前影壁正面雕飾　清

三九二　后土廟樂樓東側影壁雕飾　清

三九三　后土廟三清樓鴟吻　清

三九四　三清樓山花琉璃　清

三九五　后土廟樂樓脊剎　清

三九六　后土廟鐘樓頂飾　清

三九七　文廟大成殿脊刹　清

三九八　大成殿鴟吻　清

三九九　天王殿刹座細部　清

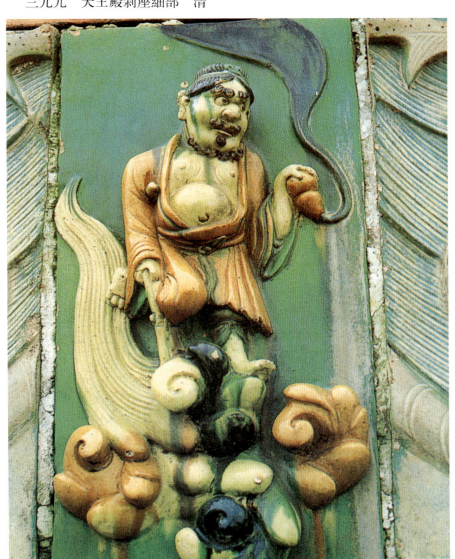

四〇〇　北吉祥寺天王殿鴟吻　清

四〇一　后土廟聖母殿脊剎　清

四〇二　聖母殿鴟吻　清

四〇四　聖母殿脊部化生童子及飛馬武士　清

四〇三　聖母殿脊飾鳳凰　清

四〇五　文廟前影壁琉璃方心　清

四〇六　真武廟琉璃牌坊　清

四〇七　文廟欞星門　清

四〇八　關帝廟全景　清

四〇九　關帝廟崇寧殿鴟吻　清

四一一　崇寧殿脊飾人物　清

四一二　崇寧殿脊飾人物　清

四一三　關帝廟后宮全景　清

四一四　關帝廟氣肅千秋坊鳳吻　清

四一五　關帝廟春秋樓垂獸　清

四一六　春秋樓蹲獅　清

四一七　春秋樓鴟吻　清

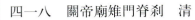
四一八　關帝廟雉門脊刹　清

四一九　雉門脊飾花卉　清

四二〇　雉門脊飾花卉　清

四二一　雉門脊飾花卉　清

四二二　雉門脊飾花卉　清

四二三　關帝廟午門東側八字影壁　清

四二四　關帝廟午門西側八字影壁　清

四二五　關帝廟戲臺戧獸　清

四二六　關帝廟前殿鴟吻　清

四二八　關帝廟武緯門垂獸　清

四二七　前殿脊飾花卉　清

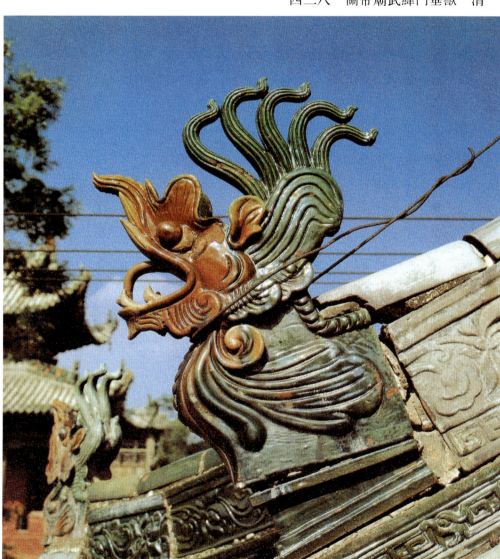

四二九　四美園琉璃塔　清

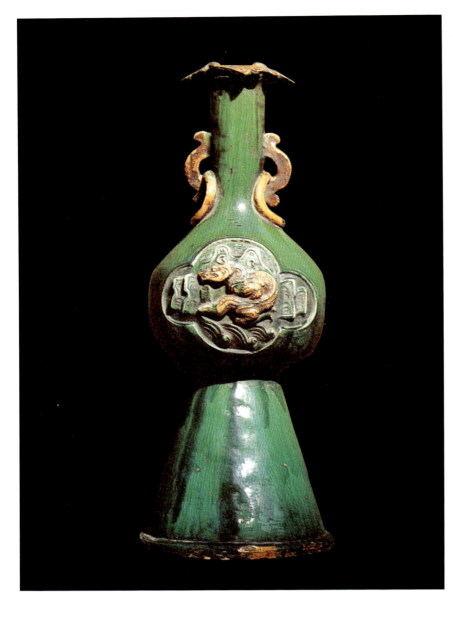

四三〇　雙龍插瓶　清

四三二　福祿四足香爐　清

四三一　關帝廟奠池　清

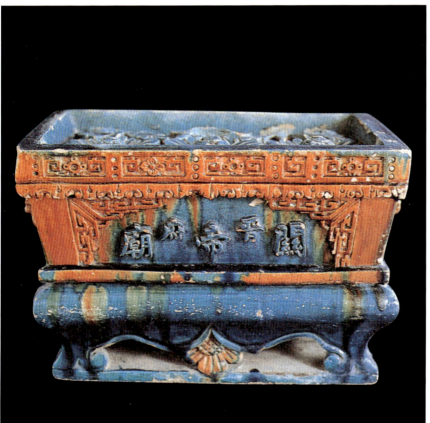

圖版説明

圖 版 説 明

一 綠釉陶樓 漢

又名百戲樓，1969年運城縣侯村漢墓出土。樓爲五層，下爲池塘。樓身通高1.04米，底盤直徑0.45米。存運城縣博物館。

二 綠釉陶樓 漢

又名池中望樓，平陸縣聖人澗村漢墓出土。總高0.84米，第一層（包括池盤）0.29米，第二層0.27米，第三層0.27米，池盤外徑0.43米，內徑0.37米。存平陸縣博物館。

三 銀釉瓶 漢

聞喜縣裴柏村漢墓出土。長頸、鼓腹。高0.6米，口徑0.13米，腹徑0.33米。存聞喜縣博物館。

四 騎馬俑 北魏

1966年大同北魏司馬金龍墓出土。俑通高0.39米，馬長0.4米。現存大同市博物館。

五 墓俑 北魏

1966年大同北魏司馬金龍墓出土。俑高0.29米。存大同市博物館。

六 墓俑 北魏

1966年大同北魏司馬金龍墓出土。俑高0.24米。存大同市博物館。

七 蓮花寶相尊 北齊

1973年壽陽縣北齊庫狄回洛墓出土。高0.4米，口徑0.1米，腹徑0.24，壁厚0.8－2.5厘米。存山西省博物館。

八 龍柄鷄頭壺 北齊

1973年祁縣白圭北齊韓裔墓出土。通高0.42米，壺高0.32米，龍頭超出壺沿0.1米，口徑0.1米，腹徑0.2米。現存山西省博物館。

九 綠釉菩薩像 隋

三尊，介休縣古寺遺址出土。左像高0.68米，中像高0.70米，右像高0.71米。存山西省博物館。

一〇 三彩瓶 唐

太原市西南郊義井唐墓出土。瓶高0.24米，腹徑0.12米，口徑0.08米。存山西省博物館。

一一 三彩虎枕 唐

平陸縣唐墓出土。枕長0.31米，高0.18米，寬0.19米。存平陸縣博物館。

一二 三彩觀音菩薩像 宋

聞喜縣古佛寺遺址出土。高0.44米，寬0.22米。現存聞喜縣博物館。

一三 三彩蓮蓬蹲獅薰爐 宋

1982年離石縣城計委大樓工地出土。三足、兩耳，爐身前後各雕盤龍一條，耳下凸起牡丹花一束。爐蓋爲一蓮蓬，上有平臺，臺上雄獅竪起。爐耳上刻有"呼延"二字，爐口內沿留有"己丑年壬申月己酉日辛時朱成造"銘文。通高0.57米，口徑0.24米，足高0.27米，蓮蓬蹲獅蓋高0.28米。存呂梁地區文物工作站。

一四 黃釉海獅 宋

獅蹲於瓦背，原爲建築物上的構件。通高0.34米，寬0.18米。山西省博物館收藏。

一五 黃綠釉海獅 宋

同一四。

一六 崇福寺彌陀殿垂獸 金

寺在朔縣城內東大街，殿居寺北，垂獸位於殿頂垂脊下端。獸高0.95米，寬0.68米，厚0.55米。

一七 彌陀殿鴟吻 金

鴟吻在殿頂正脊東端。高3.5米，寬3.2米。

一八 彌陀殿武士 金

位於殿頂脊剎左右兩側。高1米，下寬0.75米。

一九 彌陀殿武士 金

同一八。

二〇 華嚴寺大雄寶殿鴟吻 金

寺在大同市西隅，是我國遼、金建築中最大殿宇。鴟吻位於殿頂正脊北端。高4.5米，上寬2.6米，中寬2米，下寬2.8米，厚0.68米。

二一　華嚴寺薄伽教藏殿垂獸　金

薄伽敦藏殿位於下寺後部，歇山式屋頂。獸位於殿頂前坡下端。高1.5米，寬1.1米。

二二　薄伽教藏殿鴟吻　金

位於殿頂南、北兩端。吻高3.5米，寬2.1米，高寬比3：2。

二三　薄伽教藏殿鴟吻　金

同二二。

二四　太陰寺大雄寶殿垂獸　金

寺在絳縣東南張村，僅存大雄寶殿，垂獸位於殿頂前坡垂脊下端。獸高0.4米，寬0.25米，厚0.18米。

二五　定林寺雷音殿脊剎力士與題記　金

寺在高平縣東南米山鎮北向山腰，雷音殿爲山門內第一座殿堂。殿頂琉璃爲泰和四年（公元1204年）重修時遺物。力士位於殿頂脊剎腰間，題記位於脊剎力士上層疊澀邊沿。力士高0.59米，寬0.4米；題記高0.11米，長0.54米。

二六　雷音殿脊剎　金

脊剎位於殿頂正脊中部。剎高1.62米，吞口寬1.58米。

二七　雷音殿垂獸麒麟　金

位於殿頂東北垂脊下端。麒麟高0.7米，長0.93米。

二八　雷音殿垂獸飛馬　金

位於殿頂後坡垂脊腰間。馬高0.28米，長0.34米。

二九　玉皇廟玉皇殿獅子　金

廟在晉城縣東北府城村後土崗上，玉皇殿在廟內最後。獅子在殿頂正脊中心，下有平臺承托。獅高0.7米，寬0.63米。

三〇　玉皇殿脊部人物——二十八宿"胃土雉""女土蝠"　金

位於殿頂正脊前西側。胃，老者像，左手捧雉；女，老者像，左手捧蝠。二像皆高0.45米。

三一　玉皇殿脊部人物——二十八宿"牛金牛""奎目狼"　金

位於殿頂正脊前西側。牛，老者像，高0.46米，牛缺；奎，武士像，高0.47米，狼在左下方。

三二　玉皇殿脊部人物——二十八宿"心月狐""角木蛟"　金

位於殿頂正脊前西側。二星皆女像。高皆0.46米，狐、蛟殘缺。

三三　玉皇殿脊部人物——二十八宿"畢曰烏""壁水貐"　金

位於殿頂正脊前東側。畢，中年男像，高0.44米，右手捧烏；壁，武士像，高0.45米，懷中抱貐。

三四　玉皇殿脊部人物——二十八宿"柳土獐""婁金狗"　金

位於殿頂正脊前東側。柳，中年男像，高0.46米；婁，武士像，高0.45米。獐、狗蹲於足前。

三五　玉皇殿脊部人物——二十八宿"張鳳鹿""井木犴"　金

位於殿頂正脊前東端。張，右手捧月，高0.43米，鹿臥足前；井，手中器物缺，像高0.45米。

三六　玉皇殿脊部人物——二十八宿"亢金龍""氐土貉"　金

位於殿頂剎下吞口東隅。亢金龍中年男像，龍盤於左下部，高0.45米；氐土貉中年男像，貉爬於左下方。像高0.46米。

三七　玉皇殿脊部人物——二十八宿"軫水蚓""觜火猴"　金

位於殿頂正脊西端。軫，武士像，雙手握蚓；觜，中年男像，懷中抱猴。二像高0.45米。

三八　玉皇殿脊部人物——二十八宿"鬼金羊""參水猿"　金

位於殿頂正脊前面西側。均爲女像，羊、猿皆位於右下方。像高0.45米。

三九　玉皇殿脊部人物——二十八宿"箕水豹""房曰兔"　金

位於殿頂脊剎正面東側。箕，武士像，豹在右下方；房，青年男像，兔抱於懷中。二像均高0.45米。

四〇　玉皇殿脊部人物——二十八宿"門目獬""危月燕"　金

位於殿頂正脊前東側。門，老者像，高0.45米，獬臥於左下方；危，中年男像，高0.43米，右手捧燕。

四一　玉皇殿脊部人物——二十八宿"室火豬""星月馬"　金

位於殿頂正脊前東側。室，女像，高0.44米，豬臥於右側；星，女像，高0.45米，馬臥足前。

四二　永樂宮三清殿套獸及嬪伽　元

永樂宮原在芮城縣西永樂鎮，1959—1965年遷於芮城北龍泉村。宮宇規模宏大，三清殿居寺中，殿頂爲四阿式琉璃剪邊。套獸及嬪伽位於殿頂翼角外端。嬪伽高0.65米，上寬0.3米，下寬0.5米；套獸高0.65米，長0.6米。

四三　三清殿戧獸　元

位於殿頂四角戧脊下端。龍首形。高1.25米，寬

1.43米。

四四　三清殿脊飾牡丹　元

位於殿頂正脊兩側菊花以內。花高0.55米，寬0.5米。

四五　三清殿押魚　元

位於殿頂翼角岔脊上。高0.43米，寬0.23米。

四六　三清殿鴟吻　元

位於殿頂正脊東、西兩端。高2.8米，寬1.43米。後面背獸高0.46米。

四七　三清殿鴟吻　元

同四六。

四八　三清殿二龍戲珠脊飾　元

位於殿頂正脊中部。無寶剎。脊中部高0.83米，龍長4米，高0.7米。

四九　三清殿脊飾仙人　元

位於殿頂翼角處岔脊後尾。仙人武士裝束。高0.54米，寬0.22米。

五〇　三清殿脊飾昇龍　元

位於殿頂正脊前東側。高0.83米，寬0.8米。

五一　三清殿脊飾丹鳳朝陽　元

位於殿頂脊側。長1.4米，高0.7米。

五二　永樂宮純陽殿鴟吻　元

殿在三清殿以北。吻居殿頂正脊東、西兩端。吻高2.1米，寬0.65米；背獸高0.35米。

五三　永樂宮純陽殿鴟吻　元

同五二。

五四　永樂宮重陽殿套獸及嬪伽　元

殿在純陽殿以北。套獸、嬪伽位於殿頂東南翼角外端。嬪伽高0.60米，寬0.4米；套獸長0.5米，高0.45米。

五五　重陽殿西鴟吻　元

位於殿頂正脊西端，後面有背獸。吻高2米，寬1.35米。背獸高0.3米。

五六　永樂宮琉璃香爐　元

至正二年（公元1343年）燒造。三足，兩耳。耳直且短，腹部堆塑盤龍牡丹，口沿上周有題記，共四十四字，可辨者三十二字，爲“至正二年待詔任玉途”燒造。爐高0.45米，腹徑0.42米，爐口外沿直徑0.44米。現存永樂宮呂公祠。

五七　文廟大成殿鴟吻正面　元

文廟在潞城縣東北18公里李莊。廟前有影壁、山門，後爲大成殿。殿及殿頂琉璃全爲元代製作。鴟吻位於殿頂正脊東端，高1.65米，寬0.95米。

五八　文廟大成殿鴟吻背面　元

同五七。

五九　大成殿嬪伽　元

位於殿頂東南翼角外端。身式前傾，後部與岔脊相連。仔角梁較短，套獸與嬪伽相接。嬪伽，武士裝，高0.47米，寬0.31米。

六〇　大成殿正脊雕龍（一）　元

位於正脊前東側。長1.4米，高0.55米。

六一　大成殿正脊雕龍（二）　元

位於正脊前西側。長1.36米，高0.56米。

六二　大成殿正脊雕龍（三）　元

位於正脊前西端。長1.45米，高0.5米。

六三　大成殿正脊雕龍（四）　元

位於正脊背面東側。長1.36米，高0.57米。

六四　大成殿正脊雕龍（五）　元

位於正脊背面東端。長1.42米，高0.56米。

六五　大成殿正脊雕龍（六）　元

位於正脊背面西端。長1.42米，高0.5l米。

六六　大成殿脊剎正面雕飾　元

脊剎位於殿頂正中。二吞口間，雕人物四身，其上爲須彌座，剎身已毀。人物空間與須彌座邊沿處，雕有製作年款、匠師題記。現高1.06米，寬（包括吞口）1.4米。

六七　大成殿剎座背面立牌　元

脊剎背面二吞口之間立牌內刻“大成之殿”，牌舌及外沿有小字年款和匠師姓名。牌高0.65米，寬0.35米。

六八　大成殿琉璃題記　元

殿頂西鴟吻吞口內，刻有“至治元年（公元1321年）程德厚營造廟堂”和“至元元年（公元1335年）李君仁捏燒吻脊”的題記。

六九　佛光寺文殊殿海獅　元

位於殿頂前坡西側垂脊腰間。深綠釉已泛鉛。高0.22米，長0.29米。

七〇　佛光寺東大殿菩薩像　元

東大殿位於寺內後部山腰，唐代建，元、明皆補葺，殿頂琉璃爲元製。殿身寬七間，深四間八椽，四阿式屋頂。像位於殿頂脊剎正面束腰處。像高0.35米，寬0.2米。

七一　東大殿鴟吻　元

鴟吻位於正脊南、北兩端。吻高3.06米—3.08米，寬2.08米—2.19米，厚0.32米—0.33米。

七二　東大殿鴟吻　元

　　同七一。

七三　文殊殿脊刹及刹正面雕飾　元

　　寺在五臺縣東北佛光山腰，有上下兩院。文殊殿在下院北側，寺創於魏，重建於唐，金、元重葺。文殊殿於金代重建，元代補修時燒造琉璃脊飾。脊刹位於殿頂正脊中心。刹全高1.9米，寬1.65米；力士高0.91米，寬0.38米。

七四　文殊殿脊刹背面及題記　元

　　位於殿頂脊刹背面。下部吞口間塑力士一軀，高0.87米，寬0.38米。刹上束腰部份題記爲"至正拾壹年六月初伍日南臺佛光寺常住重修匠人王世榮王□□"。題記高0.14米，寬0.41米。

七五　文殊殿脊刹正面力士　元

　　同七三。

七六　玉皇廟玉皇殿鴟吻　元

　　廟址見二九。玉皇殿位於玉皇廟內最後。殿頂琉璃金、元、明三代作品并存。鴟吻、垂獸爲元代遺物。吻居正脊西端，高1.29米，寬0.85米。

七七　玉皇殿垂獸　元

　　位於殿頂前坡西垂脊下端。獸長1.09米，高0.58米。

七八　崇善寺大悲殿鴟吻　明

　　寺在太原市上馬街東隅，清末僅存大悲殿一院。殿頂琉璃爲明洪武十四年（公元1381年）所製。鴟吻位於殿頂正脊東端，爲官窯製品。高1.7米，寬1.3米，有鐵刹貫固。

七九　報恩寺侏儒燈臺　明

　　寺原在太原南郊黑陀山，現已不存。燈臺爲1957年勘察時發現，高0.38米，寬0.22米。現存太原崇善寺。

八〇　報恩寺菩薩頭像　明

　　1958年勘察時發現。頭像高0.08米，寬0.06米。現存太原崇善寺。

八一　后土廟三清樓垂獸　明

　　廟在介休縣城內西北隅。三清樓位於廟內正中，樓頂後坡存有部份宋代琉璃瓦件。麒麟垂獸位於殿頂西北隅，是明宣德二年（公元1427年）所製。原爲武士騎於麟背，今僅存麒麟。現高0.59米，長0.79米。

八二　慈雲寺毗盧殿化生童子　明

　　寺在天鎮縣城內西大街。殿位居最後，殿頂琉璃爲宣德五年（公元1430年）重建時所製。童子位於正脊前側，高0.8米，寬0.6米。

八三　毗盧殿鴟吻　明

　　位於正脊西端。吻高1.9米，寬1.4米。

八四　毗盧殿垂獸　明

　　位於殿頂前坡垂脊下端。獸高0.6米，寬0.62米。

八五　竇大夫祠山門西次間團龍　明

　　祠在太原西北郊上蘭村。山門下壁間團龍爲明正統九年（公元1444年）重修時所製。團龍直徑1.05米。

八六　山門東梢間團龍　明

　　規格同八五。

八七　文廟欞星門東次間團龍　明

　　廟在代縣城內西南隅，欞星門位居廟前。團龍直徑1.44米。

八八　文廟欞星門西次間團龍　明

　　規格同八七。

八九　九龍壁左起第一龍　明

　　高3.43米，寬3.4米。

九〇　九龍壁左起第二龍　明

　　高3.39米，寬3.41米。

九一　九龍壁左起第三龍　明

　　高3.6l米，寬3.4米。

九二　九龍壁左起第四龍　明

　　高3.59米，寬3.38米。

九三　九龍壁左起第六龍　明

　　高3.45米，寬3.44米。

九四　九龍壁左起第七龍　明

　　高3.49米，寬3.39米。

九五　九龍壁　明

　　位於大同市內東大街南側。壁下部設束腰式基座，中部用四百二十六塊五彩琉璃鑲嵌壁身，上部雕有仿木結構的斗栱、額枋、瓦頂和脊飾。壁長45.5米，高8米，壁面面積364平方米。

九六　廣濟寺天王殿鴟吻　明

　　寺在介休縣城西北師屯村，規模宏大。除大雄寶殿外，其他各殿屋頂琉璃構件均爲黑釉。鴟吻位於殿頂正脊東端，高1.09米，寬0.98米。

九七　廣濟寺地藏殿鴟吻　明

　　地藏殿又稱南殿。鴟吻位於殿頂正脊西端。高1.15米，寬0.77米。

九八　地藏殿脊飾鳳凰　明

　　位於正脊之上。高0.24米，寬0.26米。

九九　廣濟寺觀音殿鴟吻　明

　　位於殿頂正脊西端，鴟吻背獸不存，吻面貼塑鳳尾。吻高1.19米，寬0.79米。

一〇〇　觀音殿垂獸　明

位於殿頂垂脊下端，龍形，生兩翼。獸高0.56米，長0.55米。

一〇一　觀音殿脊刹　明

正脊吞口中塑立牌，內刻題記，上置獅馱寶瓶。刹高、寬皆1.38米。

一〇二　廣勝上寺大雄寶殿正脊蹲虎　明

寺在洪洞縣東北霍山南麓峰巔之上。大雄寶殿位於寺內中心，面寬五間，懸山式。蹲虎位於正脊前側面、幼虎蹲於腹前。虎高0.63米，下寬0.42米，上寬0.3米。

一〇三　大雄寶殿脊飾蹲獅　明

位於大雄寶殿正脊前側，幼獅爬於腹前。獅高0.71米，寬0.36米。

一〇四　黑釉寶刹脊座　明

1972年出土於介休縣城西義棠村古寺遺址中。束腰，仰覆蓮瓣，花莖凸起，略呈珐華工藝。現高0.46米，覆缽直徑0.28米，仰蓮直徑0.15米。現存介休縣博物館。

一〇五　黑釉武士　明

出土與存放地同一〇四。高0.36米，肩寬0.13米，下寬0.18米。

一〇六　黑釉仙人　明

出土與存放地同一〇四。高0.37米，肩寬0.13米，下寬0.20米。

一〇七　琉璃獅子　明

位於汾陽縣文化館院內。束腰基座上置蹲獅一對，左雄右雌。蹲獅無座，獅高1.17米，寬0.7米。山西省博物館收藏。

一〇八　琉璃雌獅　明

雌獅週圍三隻幼獅，姿態各異。通高2.25米，其中獅高1.37米，寬1.15米。獅背下部原有"大明天順五年（公元1461年）"題記及匠師姓名（現已不存）。

一〇九　狄青像龕　明

原爲屋頂脊刹下部構件，有與脊身吞口銜接的印洞。龕高0.58米，寬0.38米，龕內像高0.23米，寬0.18米。現存汾陽縣文物展覽室。

一一〇　琉璃海馬　明

原爲寺廟殿頂構件，馬蹄瓦背。總高0.25米，寬0.19米。現存汾陽縣文物展覽室。

一一一　玉皇廟山門鴟吻　明

廟址見二九。鴟吻位於山門正脊東端，爲巨龍盤

繞而成，飛鳳貼塑兩側。吻高1.9米，寬1.2米。

一一二　山門脊飾行龍　明

位於山門正脊前東隅。高0.6米，長1.12米。

一一三　山門脊飾乘馬仙人　明

位於山門正脊背面。通高0.46米，馬長0.4米。

一一四　山門脊飾仙人　明

位於山門正脊前西隅。高0.45米，寬0.55米。

一一五　玉皇廟前殿脊刹　明

殿在玉皇廟儀門之內，寬三間，歇山頂。脊刹位於殿頂正脊中央，刹上樓閣兩層。通高1.7米，吞口寬1.17米。

一一六　廣勝下寺前殿鴟吻　明

寺在洪洞縣東北霍山脚下。前殿五開間，懸山式。鴟吻位於殿頂正脊東端。高1.48米，寬1.29米。

一一七　前殿脊飾童子（一）　明

位於殿頂正脊前側。高0.3米，長0.65米。

一一八　前殿脊飾童子（二）　明

位置同一一七。高0.25米，長0.59米。

一一九　湯王廟獻亭鴟吻　明

位於亭上正脊東端。小龍甚長，盤於吻身上下。吻尾作魚尾分叉，猶存古風。高0.82米，寬0.59米。

一二〇　獻亭題記　明

題記位於獻亭鴟吻背面腰部，刻有"成化十七年（公元1481年）四（月）琉璃匠喬賛先高老祖子喬鳳喬斌"。長0.34米，寬0.17米。

一二一　獻亭雕龍　明

位於亭上正脊前西端。龍長0.55米，寬0.22米。

一二二　法興寺菩薩殿脊部行龍　明

寺在長子縣南慈林山巔。菩薩殿宋代建，明、清修葺。殿頂琉璃爲明弘治六年（公元1493年）燒製。行龍位於殿頂垂脊前側。高0.38米，龍長1.26米。

一二三　菩薩殿垂獸　明

位於殿頂西南垂脊下端。高0.76米，寬0.45米。

一二四　洪福寺大雄寶殿鴟吻　明

寺在定襄縣城東北杜村。大雄寶殿爲金代遺物，明代葺補時重製殿頂琉璃。殿身五間，懸山式。鴟吻位於正脊西端。吻高1米，寬0.48米。

一二五　大雄寶殿垂獸　明

位於殿頂垂脊下端，後尾與脊身相連。現高0.58米，寬0.52米。

一二六　雙林寺天王殿脊部行龍　明

寺在平遙縣城南冀壁村。天王殿位於寺內前隅，廣五間，深四椽，懸山式屋頂。行龍位於正脊前南

隅。龍高0.46米，長1.68米。

一二七　天王殿琉璃題記　明

位於殿頂脊剎背面立牌內。題記爲"弘治十二年八月二十六日"和"琉璃匠張士瑞張惠侯伯意侯伯全侯伯□侯伯林侯恭侯敬侯讓侯旻侯運侯奈侯堅侯慶侯相"。立牌高0.75米，寬0.57米。

一二八　天王殿垂獸　明

位於殿頂後坡垂脊下端。獸，龍形，頭高0.48米，尾高0.5l米，全長0.84米。

一二九　廣勝上寺毗盧殿脊部琉璃　明

寺址見一〇二。殿爲四阿式頂，脊部琉璃包括正脊、寶剎、鴟吻及脊側雕飾。脊吻總長6.7米；脊高（包括小獸）0.9米，吻高1.75米，剎高2.8米，背獸高0.55米，雙鳳高0.3米；寬0.5米。

一三〇　毗盧殿鴟吻　明

位於殿頂正脊西端。

一三一　毗盧殿化生童子　明

位於殿頂西南戧脊內側腰間。高0.3米，長0.8米。

一三二　文廟大成殿鴟吻　明

廟在聞喜縣城內。大成殿居廟中部，殿寬五間，深六椽，歇山式屋頂。鴟吻位於殿頂正脊南端。高1.8米，寬1.4米。

一三三　大成殿脊剎　明

位於殿頂正脊中部。吞口上塑三層樓閣一座，底層三間，二、三層各一間，四向出抱廈，樓頂歇山向外，頂剎爲寶瓶式，吞口上塑基座，上雕獅象駄寶瓶（已殘損）。剎高2.2米，寬1.8米。

一三四　大成殿垂獸　明

位於殿頂前坡西隅。獸，龍形伏於脊端。身首高（包括脊高）0.65米，尾高（包括脊高）1.05米，全長1.9米。

一三五　圓智寺千佛殿脊剎　明

寺在太谷縣東北范村。千佛殿位居前院北側，寬、深各三間，單檐歇山頂。脊剎居殿頂正中，吞口之間設殿閣形龕，內塑壽星坐像一尊，上設蓮盤和獅駄寶瓶。剎現高1.45米，寬（包括吞口）1.67米；龕高0.6米，寬0.38米；像高0.35米，寬0.17米。

一三六　千佛殿脊剎細部　明

同一三五。

一三七　千佛殿正脊立鳳　明

位於殿頂正脊西端。鳳高0.3米，長0.4l米。

一三八　千佛殿嬪伽套獸　明

位於殿頂翼角外端。仔角梁偏短，形成嬪伽騎於

龍背的格局。嬪伽高0.4米，寬0.28米；獸高0.3米，長0.32米。

一三九　千佛殿垂獸　明

位於殿頂垂脊下端。獸爲龍形，尾毛捲叉仿獅麟式。獸高0.5米，長0.8米。

一四〇　千佛殿正脊武士　明

位於殿頂脊剎東側。高0.41米，上寬0.18米，下寬0.32米。

一四一　千佛殿脊飾八仙——呂洞賓　明

位於正脊前西側，背負寶劍。總高0.35米，像高0.27米。

一四二　千佛殿脊飾八仙——何仙姑　明

位於正脊前東側，肩扛鐵鑵。總高0.33米，像高0.25米。

一四三　千佛殿脊飾八仙——藍采和　明

位於正脊前東側，手抱長簫。總高0.34米，像高0.26米。

一四四　千佛殿脊飾八仙——漢鍾離　明

位於正脊前東側，一手托葫蘆。總高0.35米，像高0.27米。

一四五　佛光寺香爐　明

位於五臺縣佛光寺東大殿內。三足，兩耳。花束飾滿爐身，耳上部殘。爐高0.53米，腹部直徑0.5米。

一四六　青蓮寺獅子　明

寺在晉城市東南寺南莊硤石山腰。獅子藏於青蓮寺藏經樓下。口銜飄帶，繡球滾於腹下，作奔馳狀。現高0.65米，長0.83米。

一四七　南神廟麒麟　明

廟在平遙縣城南，又稱耶輸夫人廟。麒麟位於東旁院東壁北隅。高1.35米，長1.7米。

一四八　南神廟太子出行圖局部　明

位於東旁院北壁。高1.25米，寬1.3米。

一四九　耶輸夫人棺罩立鳳　明

棺罩置於南神廟東旁院中心。鳳雙足觸地立於罩前壁上。高0.98米，寬1.47米。

一五〇　關帝廟寢殿歇山琉璃壁　明

廟在汾陽縣南關。寢殿位居廟後部，寬五間，深六椽，歇山式屋頂，琉璃剪邊。琉璃壁位於殿頂兩側，包括垂脊、排山溝滴、博風板及封山壁等飾件。歇山高2.3米，寬3.85米；封壁團龍直徑1.34米。

一五一　寢殿鴟吻　明

位於殿頂東側。四品合成，小黃龍爬至尾端，吻身隆起，背獸仰天。吻高1.42米，寬1.21米。

一五二　寢殿脊剎　明

　　脊剎位於殿脊正中。吞口中設門廡三楹，上置寶瓶。明間出抱廈，歇山向外。剎高1.45米，寬（包括吞口）1.43米。

一五三　廣勝上寺飛虹塔　明

　　寺在洪洞縣霍山南隅。塔高13級，平面八邊形。塔底層四週圍廊高7米；南面入口處龜須座猶如門樓，高出廊屋一層；塔底層直徑14米。第一層高10米，以上各層逐漸收縮，總體呈錐狀，略有弧綫。每層出檐皆用斗栱、蓮瓣和叠澀隔層相間。塔身四週嵌各種琉璃飾件。塔剎四週築小塔各一。

一五四　飛虹塔西面一、二、三層雕飾　明

　　一層中部爲殿閣式佛龕，閣身被圍廊遮閉，僅留殿閣頂部瓦壠脊獸。閣前十字歇山式小屋爲龜須座屋頂裝置，上塑白雲，雲頭塑文殊菩薩立於獅背。二層中塑金剛，轉角處力士代替倚柱承托上層柱額栱枋，層高約3.5米，寬約5米。三層勾欄之中塑文殊騎獅，兩側有脅侍菩薩和二天王，層高約3.4米，寬約4.8米。

一五五　飛虹塔西面二層金剛像　明

　　二層正中爲金剛，高1.55米，寬0.8米。

一五六　飛虹塔西面二層轉角力士及團龍　明

　　北側團龍，直徑1.04米。二層轉角處置力士。

一五七　飛虹塔西面二層團龍　明

　　南側團龍，直徑1.05米。

一五八　飛虹塔西面三層文殊菩薩　明

　　位於塔西面第三層正中，背倚券龕，手執如意，半跏趺坐於獅背蓮臺上。前隅韋馱披甲戴盔，爲武士裝束。文殊通高1.5米，獅長1.05米。

一五九　飛虹塔西北面三層雕飾　明

　　觀音騎於麒麟背上，手捧淨瓶楊枝，前有護法，左右龍女、夜叉脅侍。層高約3.2米，寬約4.3米。

一六〇　飛虹塔西北面一層雕飾　明

　　檐下正中雕城牆、城樓，下塑城門洞。城樓有兩層屋檐和脊飾。城樓上門外有金剛侍衛。城樓高0.9米，寬0.35米。

一六一　飛虹塔西北面二、三、四層雕飾　明

　　二層中心塑金剛，坐式，兩側雕人物、馬匹等，層高約3.5米，面寬約5米。三層中心塑觀音大士騎於麒麟背，左右二脅侍，轉角處塑天王二軀，層高3.4米，面寬4.8米。四層正中龕內雕善財童子，兩側雕火燄寶珠，層高3.3米，面寬4.6米。

一六二　飛虹塔西北面二層雕飾　明

　　同一六一。

一六三　飛虹塔西北面三層雕飾　明

　　中雕觀音大士跏趺坐於麟背之上，手捧淨瓶楊枝，前塑護法牽引，左右龍女、夜叉脅侍。層高約3.4米，寬約4.8米。

一六四　飛虹塔北面二層雕飾　明

　　花卉上塑立鳳一隻，兩側塑盤龍降翔，二金剛騎於獅背。轉角處力士以頭頂盤承托上層屋檐，腳下牡丹與檐頭斗栱相接。立鳳高0.7米，金剛高1.3米，盤龍高0.7米，轉角力士高1米。

一六五　飛虹塔北面一層雕飾　明

　　下有迴廊、博脊，上有額枋、垂柱，承托栱昂和塔檐椽飛。兩柱間雀替上雕龍鳳圖案，檐下正中於勾欄內雕屋形龕一間，龕前塑文殊菩薩立於獅背，左右二脅侍相伴。塔身第一層自博脊至屋檐高3.3米，寬6米。龕高1.2米，寬0.7米。

一六六　飛虹塔東北面二、三、四層雕飾　明

　　二層金剛端坐正中，左右塑寶塔、白馬、高僧、街亭等；三層中爲普賢騎象，前有拂林牽引，後有券龕，兩側有脅侍和二天王；四層中塑善財童子，左右雕寶珠各一枚。二、三層高約6.9米，寬約4.8—5米；四層高3.3米，面寬4.6米。

一六七　飛虹塔東北面一層雕飾　明

　　檐頭斜栱翼出，設額枋和垂蓮柱，柱間雀替上雕一對鳳凰。正中塑城牆、城樓。城樓下有門洞，城牆上設垜口，二層門外有金剛侍衛。兩層屋檐，上層爲十字歇山式。城樓高0.9米，寬0.35米。

一六八　飛虹塔東面一層普賢菩薩像　明

　　位於塔身東面一層檐下正中，依壁鑲嵌。普賢合掌立於白象蓮座之上。通高1米，其中白象高0.4米，長0.9米；普賢像高0.6米，寬0.24米。

一六九　飛虹塔東南面二層雕飾　明

　　中塑護法金剛怒目凝視，雙手托摩尼寶珠。金剛高1.6米，寬0.75米。兩側各塑一團龍，左昇右降。檐下垂柱、額枋承托斗栱、雲板。博脊上雕龍鳳圖案，圍護在二層塔身之下。二層高約3.5米，面寬約5米。

一七〇　飛虹塔東南面三層地藏菩薩像　明

　　塔身東南面三層正中塑券洞如龕，地藏菩薩端坐於龕前吼上，上置垂蓮柱和雀替，左右有寶瓶、二脅侍，前面階下有韋馱侍立。地藏高0.88米，寬0.55米；獸高0.62米，長1.05米。

一七一　飛虹塔南面二層騎獅金剛像　明

　　位於塔身南面二層正中。金剛身穿鎧甲騎於

獅背，背面與塔身券洞相對。金剛高1.85米，寬1.15米。

一七二　飛虹塔南面二層降龍金剛像　明

位於塔身南面二層西側壁上方中心。金剛騎於龍背，通高1.5米，長1.8米。

一七三　飛虹塔西南面一、二、三層雕飾　明

一層正中雕城樓：二層中塑金剛，兩側圓壇內各雕一團龍；三層中雕地藏菩薩，側有二脅侍及護法金剛。

一七四　飛虹塔西南面三層雕飾　明

地藏通高1.4米，脅侍高1.1米。

一七五　飛虹塔補間斗栱雕飾　明

位於二層屋檐下每面正中。額枋上雕小勾欄，欄內設蓮瓣大斗。斗上除正中瓜栱外，斜栱逐層加跳。斜栱間雕一人頭像，斜耍頭空當內亦雕頭像，正出耍頭雕老者或龍頭。其上爲雲板、蓮瓣和椽飛。補間斗栱高1.16米，寬約1.25米。

一七六　飛虹塔轉角斗栱　明

塔身轉角處設倚柱（或力士代替倚柱、雀替），有額枋和平板枋搭交，上置轉角斗栱、角梁、椽飛、瓦檐和套獸。套獸口內伸出鐵刹呈卷草狀，下垂風鐸一枚。斗栱總高1.16米，疊澀外伸約1米。

一七七　飛虹塔一層藻井　明

八角形垂柱花罩爲底托，井內斗栱三圍。其間建築、人物、神龕、橋梁、勾欄、望柱、龍鳳、花卉，層層叠架。直徑約4.8米，高約2.3米。

一七八　飛虹塔餞獸　明

位於塔身二層轉角上沿餞脊下端。武士（頭缺）騎於龍背。龍高0.32米，長0.75米。

一七九　廣勝上寺地藏殿脊刹　明

殿居寺廟後院西隅。面寬七間，深四椽，懸山頂，三彩琉璃剪邊。脊刹位於殿頂中心，二吞口之上龍角捲曲，山石爲基，上塑獅馱寶瓶，左右侏儒對稱。背面立牌內留有年款題記和匠師姓名。刹高、寬均1.58米。

一八〇　地藏殿正脊化生童子　明

位於殿頂正脊南側。高0.4米，寬0.5米。

一八一　地藏殿正脊化生童子　明

位於殿頂正脊北側。高0.42米，寬0.55米。

一八二　地藏殿脊飾飛馬　明

位於殿頂正脊上沿。馬高0.20米，長0.27米。

一八三　地藏殿脊飾飛馬　明

規格同一八二。

一八四　地藏殿脊飾飛馬　明

規格同一八二。

一八五　地藏殿脊飾獅子　明

位於殿頂正脊南側。獅高、寬均0.22米。

一八六　地藏殿脊飾花卉　明

位於殿頂前坡垂脊內側。脊高0.37米，花高、寬約0.32米。

一八七　地藏殿脊飾武士　明

位於殿頂正脊南隅。高0.38米，寬0.36米。

一八八　城隍廟西大影壁麒麟　明

廟在榆次市東大街北側，壁居廟內舞臺西側。壁身中部鑲琉璃麒麟圖案。壁總高5.3米；壁心高1.85米，寬3.2米；麒麟高1.34米，寬1.84米。

一八九　城隍廟西大影壁題記　明

壁心北側有題記。題記牌高、寬均0.42米。

一九〇　城隍廟東小影壁壁心　明

位於廟內舞臺東側。雕塑山樹、行人、馬匹及二龍戲珠。壁通高3.3米；壁心高1.62米，寬0.74米。

一九一　城隍廟城隍殿山花琉璃　明

廟在介休縣城內。城隍殿居廟內後部，五開間重檐歇山式。兩山博風、懸魚、垂脊、排山溝滴等皆爲琉璃製品。排山總高（自瓦頂至吻上）5.2米，下寬12米，懸魚高2.4米，寬1.7米。

一九二　資壽寺天王殿東鴟吻　明

寺在靈石縣東蘇溪村。天王殿居山門以北，殿頂琉璃剪邊，巨龍成吻，小龍盤於吻尾，龍爪撐天。吻高1.2米，寬0.78米。

一九三　天王殿西鴟吻　明

同一九二。

一九四　天王殿脊飾飛馬及鳳凰　明

鳳凰貼塑於正脊前面，兩側花朵襯托，飛馬武士沿脊奔馳。鳳高0.55米，寬0.57米；飛馬武士高0.28米，長0.29米。

一九五　天王殿脊飾行龍　明

位於殿頂脊部。脊高0.55米，龍高0.55米，寬0.85米。

一九六　天王殿脊刹　明

位於殿頂正脊中央，中爲門樓，重檐盝頂式，上塑刹座寶瓶，左右獅象分置。刹高1.6米，寬1.3米。

一九七　天王殿脊飾獸面童子和飛馬武士　明

位於正脊西側。童子高0.48米，長0.61米；飛馬武士高0.28米，長0.29米。

一九八　天王殿脊飾大鵬鳥和飛馬武士　明

位於正脊東側。大鵬鳥爲獸面人身，腋下長雙翼。鵬高0.39米，長0.63米。飛馬武士規格同一九七。

一九九　城隍廟城隍殿脊飾飛鳳、花卉

及飛馬武士　明

廟在襄汾縣舊汾城城內。城隍殿居廟內中部，殿頂琉璃剪邊。龍、鳳位於正脊北隅。鳳高0.44米，寬0.55米；花朵直徑0.38米；行龍高0.39米，長0.8米；脊上飛馬武士高0.28-0.29米，寬0.22-0.31米。

二〇〇　城隍殿脊飾行龍、花卉及飛馬武士　明

同一九九。

二〇一　城隍殿脊飾行龍及大鵬鳥　明

位於正脊南隅。大鵬鳥居於龍尾。龍高0.41米，長0.86米；鵬高0.2米，寬0.22米。

二〇二　城隍殿脊飾大鵬鳥　明

位於正脊西側。人身、鳥嘴、龍爪。高0.39米，寬0.37米。

二〇三　城隍殿脊飾化生童子　明

位於正脊東側花叢中。高0.39米，寬0.15米。

二〇四　城隍殿脊飾飛鳳　明

位於正脊東側。高0.49米，寬0.36米。

二〇五　城隍殿脊飾飛馬武士　明

位於正脊東、西隅，均略有殘損。高0.29-0.33米，長0.27-0.28米。

二〇六　城隍殿脊飾飛馬武士　明

規格同二〇六。

二〇七　城隍廟獻亭脊刹　明

亭在城隍殿前，十字歇山式屋頂，脊刹位於亭頂中心。刹爲方亭式，下設平座，週置勾欄。四向開門上塑瓦頂、露盤、寶蓋和寶珠（珠已缺）。刹高0.49米，寬0.31米。

二〇八　城隍殿垂獸　明

位於垂脊下端，伏脊爬行。頭高0.39米，身高0.31米，長0.65米。

二〇九　關帝廟獻亭脊飾馬童　明

廟在汾陽縣南關。獻亭位於關帝殿前。馬童位於獻亭屋頂東山封壁上。馬高0.34米，長0.37米；童高0.24米，寬0.17米。

二一〇　獻亭脊飾武士　明

位於亭頂西山封壁上隅。高0.32米，寬0.41米。

二一一　獻亭脊飾武士　明

位於亭頂東山封壁中部。高0.27米，寬0.16米。

二一二　關帝廟西垛殿鴟吻　明

殿在廟內關帝殿西側。吻位於殿頂正脊西側。吻高1.16米，寬1.01米。

二一三　西垛殿脊刹　明

刹在殿頂正脊中央。二吞口中雕門樓爲刹座，上塑三隻獅子馱瓶。刹高1.21米，寬1.3米。

二一四　關帝廟關帝殿鴟吻　明

殿在廟內中部。鴟吻位於正脊東端。高1.41米，寬0.89米。

二一五　關帝殿脊刹題記　明

位於殿頂脊刹背面立牌內。上書"大明嘉靖二十四年（公元1545年）五月吉日建"。牌高0.54米，寬0.36米。

二一六　關帝殿垂獸　明

位於垂脊下端。高0.55米，長0.75米。

二一七　圓智寺觀音殿鴟吻　明

寺在太谷縣城東北范村。觀音殿居後院東側。鴟吻僅吞口外露，盤龍佔了全部吻身。高1.34米，寬1.04米。

二一八　觀音殿脊刹獅子　明

位於正脊脊刹上部。拂林頭殘缺。獅高0.44米，長0.55米。

二一九　圓智寺大覺殿脊刹　明

殿在寺內後院北側。寬五間，深六椽，單檐懸山頂。脊刹位於正脊中央。吞口中雕門樓一間，上塑刹座兩層和獅馱寶瓶。座側雕獅子滾繡球，四隻小獅圍護一週。刹高2.67米，寬1.67米。

二二〇　淨信寺前院東配殿鴟吻　明

寺在太谷縣東南陽邑村。殿居寺內前院東側，殿頂爲三間懸山式，吻位於殿頂南端。高1.1米，寬0.7米。

二二一　東配殿脊飾行龍　明

位於殿頂正脊北側。高0.4米，長1.3米。

二二二　淨信寺前院西配殿垂獸　明

殿居寺內前院西側。獸在殿頂後坡垂脊下端，龍形。高0.6米，寬0.4米。

二二三　淨信寺鼓樓題匾　明

樓在寺內前院西隅。匾居樓上二層東檐下，題"棲鷺"二字。高0.54米，寬0.8米。

二二四　晉祠聖母殿脊刹　明

祠在太原市西南懸瓮山麓。聖母殿居祠內西隅，面寬七間，深六間，重檐歇山式。刹在殿頂正脊中央，吞口雕門樓刹座三間，上塑平几式臺面，分置三

獅馱瓶，鐵刹貫固。刹高1.9米，寬1.8米。

二二五　聖母殿垂獸　明

位於殿頂前坡垂脊下端。高0.65米，長0.7米。

二二六　聖母殿鴟吻　明

位於殿頂正脊南端。劍把式捲尾吻，略如官窯規製。高1.8米，寬1.6米。

二二七　晉祠獻殿鴟吻　明

殿在祠內魚沼飛梁東隅，三間歇山式。吻居殿頂脊端，高1.4米，寬1.05米。

二二八　獻殿脊刹　明

位於殿頂正脊中心。吞口間塑立牌和日、月二星，上雕山石、獅馱寶瓶，山前塑有仙人。刹座上雕二獅戲球，牌內、刹座上均刻有題記。刹高1.7米，寬1.45米。

二二九　晉祠金人臺樓閣　明

位於祠內獻殿前金人臺中心處。下置磚雕基座，上雕勾欄和樓閣。樓閣單層三開間，有廊柱、隔扇、壺門。檐下無斗栱，屋頂脊飾瓦壟齊全。總高3.85米，樓高2.5米，身寬1.12米。

二三〇～二四三　圓照寺毗盧殿羅漢像　明

寺在五臺山臺懷鎮顯通寺東北隅。殿居寺內中心，寬五間，深四間，重檐歇山式。像在殿頂二層檐下博脊上，下塑江水波浪，神獸均浮於水面，羅漢均立於獸背。通高0.6-0.64米，其中像高0.4-0.44米，寬0.15-0.26米。

二四四　毗盧殿菩薩像　明

位於殿頂前檐博脊中心，背面山石爲龕，菩薩半跏趺坐式。通高0.95米，其中像高0.48米。

二四五　毗盧殿垂脊海馬　明

位於殿頂垂脊之上。高0.31米，寬0.18米。

二四六　毗盧殿垂脊蹲獅　明

位於殿頂東北垂脊上。高0.31米，寬0.20米。

二四七　城隍廟玄鑒樓題記　明

廟在長治市東大街北隅。樓居山門內中軸綫，五間二層，重檐歇山式，琉璃剪邊。題記位於脊刹背面立牌內，上書“大明嘉靖歲次乙卯年（三十四年，公元1555年）戊子月大吉利丙辰造重修”。牌高0.68米，寬0.36米。

二四八　玄鑒樓鴟吻　明

位於正脊西端。吻身高大，小盤龍爬行於兩側，無背獸。高1.61米，寬1.15米。

二四九　玄鑒樓脊部羅漢　明

位於樓頂正脊中心立牌左側。高0.38米，寬

0.22米。

二五〇　玄鑒樓脊部行龍　明

位於正脊東側。高0.44米，長0.91米。

二五一　城隍廟舞臺垂獸　明

舞臺在玄鑒樓北側，檐頭與樓身勾搭相連。臺爲三間歇山式，坐南面北。垂獸位於臺頂前坡西隅，高0.63米，寬0.66米。脊部行龍位於臺頂正脊西、東側，高0.46-0.48米，長0.98-1.24米。

二五二　舞臺脊部行龍　明

同二五一。

二五三　舞臺脊部行龍　明

同二五一。

二五四　舞臺鴟吻　明

吻在臺頂正脊西端。吻爲龍形，龍尾及龍背均有仙人乘騎，鬼卒肩負龍足。吻高1.31米，寬0.84米；仙人高0.27-0.3米，寬0.18-0.2米；鬼卒高0.22米，寬0.2米。

二五五　舞臺鴟吻細部　明

同二五四。

二五六　舞臺鴟吻細部　明

同二五四。

二五七　城隍廟後殿鴟吻　明

殿在廟內北端，五間懸山式。吻居殿頂正脊西端。高1.76米，寬1.2米。

二五八　後殿脊部行龍　明

位於殿頂正脊前西、東兩側。高0.5-0.51米，長1.5-1.59米。

二五九　後殿脊部行龍　明

同二五八。

二六〇　四聖宮舞臺仙人　明

位於臺頂正脊西隅。高0.32米，寬0.26米。

二六一　四聖宮四聖殿脊部鳳凰　明

宮在翼城縣東南曹公村北隅。殿在宮內北部。鳳居殿頂正脊西隅，高0.4米，長0.8米。

二六二　四聖殿脊部行龍　明

位於殿頂正脊前隅。龍長1米，寬0.4米。

二六三　四聖宮舞臺鴟吻　明

臺居宮內南部，歇山式屋頂。吻在正脊西端。高1.1米，寬0.7米。

二六四　舞臺垂獸　明

位於臺頂前坡東垂脊下端。高、寬均0.5米。

二六五　永樂宮玄帝廟鴟吻　明

廟頂琉璃爲明嘉靖四十二年（公元1563年）造，

吻居正脊東端。高1.75米，寬1.1米。

二六六　玄帝廟脊部行龍　明

位於殿頂正脊東側。高0.42米，長1.5米。

二六七　玄帝廟山花琉璃壁　明

位於殿頂東歇山封壁處。雲氣、山峰，二龍戲珠串於其中。壁高1.75米，下寬3.7米。

二六八　玄帝廟垂獸　明

位於殿頂前坡西垂脊下端。頭高0.51米，尾高0.65米，長0.8米。

二六九　晉祠景清門脊刹及題記　明

祠址見二二四。景清門原在祠區東南隅，1980年移建於祠南奉聖寺區。門寬五間，單檐歇山式。脊刹位居正脊中心，刹座中雕立牌，有題記和匠師姓名，外雕花卉和吞口，上塑基座和小閣。刹高1.3米，刹座寬1.6米。立牌高0.44米，寬0.36米。

二七〇　景清門鴟吻　明

位居殿頂正脊南端。高1.46米，寬1.04米。

二七一　關帝廟端門前琉璃影壁　明

廟在運城縣西南解州鎮西隅。影壁位居端門外，下部束腰壺門，壁面、瓦頂均爲琉璃鑲嵌。壁高6.5米，長13.06米；壁心高3米，長10米。

二七二　琉璃影壁細部　明

位於影壁西側中部，以盤龍爲中心。龍高1.5米，寬1.7米。

二七三　琉璃影壁細部　明

位於影壁東上隅，以麒麟望日爲中心。麟高0.8米，長1.46米。

二七四　琉璃影壁細部　明

位於影壁下部束腰處，雕雙馬對馳圖。馬高0.2米，長0.4米。

二七五　琉璃影壁細部　明

位於影壁東下隅，以轉頭回視行龍爲中心。龍高0.73米，長1.5米。

二七六　黃綠釉琉璃香爐　明

三足、兩耳，項雕飛馬，腹塑龍串富貴。爐身高0.35米，腹徑0.35米；爐耳高0.43米，寬0.43米。存山西省博物館。

二七七　龍鳳香爐　明

三足、衝耳，唇雕二龍戲珠，項塑雙鳳，腹雕龍及牡丹，足貼獸面。爐高（耳殘缺）0.59米，寬0.48米。存山西省博物館。

二七八　盤龍蠟臺　明

兩耳，鼓腹。臺高0.56米，寬0.22米。存山西省博

物館。

二七九　三彩捲尾鳳吻　明

飛鳳貼塑吻身兩側，無背獸。高0.89米，寬0.6米。存山西省博物館。

二八〇　黃綠釉琉璃坐龍　明

原爲大同市郊區西寺遺物，寺早毀，坐龍一對移置大同市博物館。龍下有束腰基座。總高1.99米，其中龍高1.03米，寬0.72米。

二八一　黃綠釉琉璃缸　明

缸高0.85米，口徑0.75米，腹徑0.8米。存大同市博物館內。

二八二　透空珐華罈　明

出土於長治市東郊羅家莊明墓。小口，鼓腹。高0.43米，腹徑0.38米。存長治市博物館。

二八三　黑底珐華罐　明

鼓腹、短頸，花紋邊沿皆有瀝粉凸起。罐高0.15米，腹徑0.14米。存山西省博物館。

二八四　孔雀藍釉隱花罈　明

鼓腹、短頸，四週隱刻寶相花和卷草紋飾。高0.14米，腹徑0.12米。存山西省博物館。

二八五　三彩琉璃獅子　明

原爲建築部件，背留洞孔，應爲馱寶瓶的痕迹，側有拂菻牽引。獅高0.53米，長0.54米；拂菻高0.43米。存山西省博物館。

二八六　東嶽廟獻亭脊部行龍　明

廟在陽城城北潤城中。獻亭頂部正垂脊呈90度角相交。行龍位於正脊西側方心之中。高0.3米，長1.14米。

二八七　獻亭鴟吻　明

鴟吻居殿頂正脊外端。高1.15米，寬0.75米。

二八八　東嶽廟齊天大帝殿脊刹樓閣　明

殿在獻亭以北。寬五間，深六椽，懸山式屋頂。樓閣原居脊刹之上，後移入陽城縣文化館內收藏。閣爲三間兩層，明間出抱廈，歇山向外。樓閣高1.27米，寬0.85米。

二八九　齊天大帝殿鴟吻　明

位於正脊西端。高2.45米，寬1.75米。

二九〇　齊天大帝殿化生童子　明

位於殿頂西南垂脊外側。四條垂脊之上，每面藍釉花叢中雕童子三身。童子高0.36米，長0.43米。

二九一　齊天大帝殿懸魚　明

位於殿頂兩側出際部份博風之下。高1.41米，寬0.75米。

二九二　東嶽廟寢殿鴟吻　明

殿在齊天大帝殿以北，三間歇山式。吻居正脊西端。高1.85米，寬1.34米。

二九三　海會寺雙塔　明

寺在陽城城東郭峪村，又名龍泉寺。雙塔一爲愍公塔，全部磚構；另一爲舍利塔，八角十三級，第六層鑲有琉璃山石、佛像，第九層嵌有琉璃纏腰及諸多佛像，第十層塑有琉璃廊廡一週。

二九四　舍利塔第十層細部　明

第十層（包括平座）高4.5米，圍廊直徑7.5米。

二九五　淨土寺大雄寶殿脊刹　明

寺在介休縣城東史村。殿爲三間懸山式，脊刹塑成樓閣形。高0.8米，吞口寬1.3米。

二九六　真澤二仙宮後殿鴟吻　明

宮在陵川縣西溪村。後殿爲宋構，明修，殿頂琉璃爲明代遺物。鴟吻居正脊東、西端。高1.88米，寬1.15米。

二九七　後殿鴟吻　明

同二九六。

二九八　後殿押魚　明

位於正脊之上。高0.42米，寬0.23米。

二九九　純陽宮頂部琉璃　明

宮在太原市廣場西側，宮內大小建築近三十座，均用琉璃裝飾。

三〇〇　純陽宮玉皇閣鴟吻　明

閣在宮內北隅。吻居閣頂正脊東端。高1.1米，寬0.78米。

三〇一　純陽宮九角亭　明

亭在宮內中院樓上四角，平面呈不等邊九角形。亭高5.8米，亭身直徑5米，屋檐直徑7米。

三〇二　圓智寺東配殿鴟吻　明

寺址見二一七。東配殿位於山門內前院東側。吻居殿頂正脊北端，吞口之上盤龍形成吻，龍首製成吻尾。吻高1.25米，寬0.95米。

三〇三　東配殿脊部行龍　明

位於正脊南側。高0.4米，長1.25米。

三〇四　太符觀山門隔間影壁團龍　明

觀在汾陽縣城東北上廟村。團龍居山門隔間東、西側影壁上。直徑1.3米。

三〇五　山門隔間影壁團龍　明

同三〇四。

三〇六　關王廟獅子　明

廟在沁縣城內南街西側。今廟已不存，雌雄獅子一對移置南涅水石刻陳列館內保存。束腰基座側面刻有製作年月和匠師韓尚發題記。獅通高2.05米，其中座高1米，寬0.6米。

三〇七　關王廟題記　明

同三〇六。

三〇八　泰山廟東嶽殿鴟吻　明

廟在長治市南郊原家莊西村。殿居廟內中部，五開間，九脊頂，脊高0.56米。吻位於正脊東端，高1.67米，寬1.05米。

三〇九　東嶽殿吻側仙人　明

位於殿頂東鴟吻側面小盤龍腰間。一老一少。老者高0.3米，少者高0.25米。

三一〇　東嶽殿脊部行龍　明

位於殿頂正脊西側。龍高0.44米，長1米。

三一一　楓林寺萬佛塔　明

寺在五臺山中臺山腰，萬佛塔居寺中心。塔身表層皆用琉璃鑲嵌，四週裝飾琉璃佛像近萬尊，俗稱獅子窩琉璃塔。今寺宇塌毀，僅塔獨存。塔高35米，內中空，有階級盤旋可登。

三一二　崇善寺香爐　明

寺在太原市上馬街東側。寺內原有香爐甚多，現僅存此缺耳者。高0.29米，直徑0.3米。

三一三　興國寺五龍壁　明

寺在大同市南門外。五龍壁原位於山門前，1980年移置市內善化寺保存。壁體從基座到壁身均以五彩琉璃鑲嵌。壁高7米，長19.9米。

三一四　晉祠聖母殿供桌　明

祠址見二二四。殿在祠內西隅。桌居殿內聖母神龕前，琉璃貼面，雕有人物、花卉。桌高1.17米，長3.85米。

三一五　晉祠鐘樓頂部飾件　明

祠址見二二四。鐘樓位於祠內獻殿左側，四週敞朗，十字歇山頂，全用琉璃覆蓋，吻、脊、刹皆完好。樓高9米，樓身寬3.3米。

三一六　鐘樓鴟吻　明

吻位於樓頂十字正脊東端，盤龍製成吻身。脊刹位於十字正脊中心相交處，方亭式。吻高1.05米，寬0.72米。刹高（包括吞口）1.3米，吞口寬1.05米。方亭高0.4米，寬0.2米。

三一七　鐘樓脊刹　明

同三一六。

三一八　多福寺觀音閣鴟吻　明

寺在太原市西北郊崛嵎山腰。閣居寺內中軸綫後部，五間三層，歇山式頂。鴟吻位於閣頂正脊東端。高1.47米，寬1.15米。

三一九　多福寺雙耳盤龍瓶　明

項有雙耳，口殘，紅坩土爲胎。高0.65米，腹徑0.35米。

三二〇　文廟影壁團龍　明

廟在清徐縣東南徐溝鎮。壁居廟前。壁高4.9米，寬3.2米；壁心高2.3米，寬2.3米；團龍直徑2.02米。

三二一　觀音堂三龍壁南壁　明

堂在大同市西郊武州河旁佛子灣附近。壁位於堂前山門南側。高6.68米，長11.7米。此圖爲三龍壁南面全景。

三二二　觀音堂三龍壁北壁　明

同三二一。此圖爲三龍壁北面全景。

三二三　靈光寺琉璃塔　明

寺在襄汾縣東北北良村。寺早毀，僅塔獨存。塔身平面八角形，原爲九級，現存七級。各層皆用琉璃製成檐、枋、栱等，第四層還塑有平座一週。塔下基座及圍廊被土掩埋。現塔高34米。

三二四　琉璃塔題記　明

位於塔身第一層東北面琉璃方塊盤龍下角。壺門花邊，內刻"陝西朝邑縣趙度鎮琉璃匠侯仲學……"。方心高0.48米，寬0.58米。

三二五　壽聖寺琉璃塔　明

寺在陽城西北陽陵村。塔爲寺內主體建築，平面八角形，十級。塔下有石砌基座，塔身及出檐皆爲五彩琉璃鑲嵌。塔高27米。

三二六　琉璃塔四、五層細部　明

四層雕峨眉山和券洞式佛龕，龕內有佛像，外有兩株菩提樹，侍者十人。五層在佛龕外，左右各塑一侍者。四層高2.3米，直徑5米；五層高2.2米，直徑4.9米。

三二七　琉璃塔七、八層細部　明

七層佛龕內佛像滿佈，中尊較大，左龕釋迦佛爲主，右龕毗盧遮那佛居中；龕外左右各雕脅侍菩薩一尊。八層龕內雕三世佛和寥陽宮，龕外塑脅侍六尊。七層高2米，直徑4.7米；八層高1.9米，直徑4.6米。

三二八　琉璃塔題記　明

位於塔身一層後門洞左側，藍釉琉璃製塊一方，高0.6米，寬0.23米。內有"大明萬曆三十七年（公元1609年）五月二十二日陽城縣匠人喬永豐……"的題記。

三二九　空王祠正殿脊部行龍及飛馬武士　明

祠在介休縣南張壁堡。正殿三楹，懸山式頂。脊飾位於殿頂正脊東部。行龍串於牡丹花間，龍尾大鵬抱珠，脊上飛馬武士奔馳（頭缺）。龍高0.62米，長1.4米；飛馬武士高0.5米，寬0.5米。

三三〇　正殿脊刹　明

位於正脊中心，爲樓閣兩層，皆塑屋檐和平座。底層閣內雕坐佛一尊。閣上獅子三隻，中間疊架寶珠、寶蓋五重，左右各立一牌，內有題記。牌外設吞口，上置基座和獅馱寶瓶。刹高2.8米，寬2米；佛像高0.32米，寬0.28米。

三三一　正殿鴟吻　明

位於脊部西端。高1.4米，寬0.9米。

三三二　空王祠"空王古佛"琉璃碑　明

位於祠中正殿西次間前廊下，方座螭首。額曰"空王古佛"，背刻佈施人名。通高2.25米，寬0.64米。其中碑身高1.2米，碑頭高0.58米。

三三三　空王祠"勅建空王書祠碑記"碑　明

位於祠內正殿東次間前廊下，方座螭首。碑尾有"萬曆四十一年（公元1613年）六月十六日造"題記。碑通高2.05米，寬0.68米。其中碑身高1.05米，碑頭高0.54米。

三三四　玉皇觀獻殿脊刹　明

觀在長治縣東南南宋村。殿居觀內五鳳樓北側，寬、深各三間，歇山式屋頂。刹在殿頂中心，二吞口間塑手執板斧仙人一尊，上置兩重樓閣。刹高1.57米，寬1.1米；仙人高0.32米，寬0.23米。獻殿留題位於脊刹背面立牌內，刻有"……萬曆甲寅年（四十二年，公元1614年）二月初二日興工吉曰"題記。牌高0.58米，寬0.23米。

三三五　獻殿脊刹題記　明

同三三四。

三三六　獻殿脊刹細部　明

同三三四。

三三七　三彩盤龍香爐　明

三足、兩耳。足上部雕有獸面，腹部塑蓮花、盤龍，爐沿雕牡丹花一週。高0.46米，寬0.45米。存山西省博物館。

三三八　黃藍釉盤龍香爐　明

三足、兩耳。頸部略長，前後各塑小盤龍一軀；耳下部兩側各雕仙人一尊；腹部正面雕盤龍居中，左右各塑一枝蓮花，背面正中雕牡丹一朵，旁塑二龍相對。爐高0.6米，寬0.55米。存山西省博物館。

三三九　盤龍插花瓶　明

矮座、長頸。口沿塑雲頭、連珠和仰蓮，腹部盤龍纏繞。瓶高0.69米，腹徑0.3l米，口徑0.17米。存山西省博物館。

三四〇　盤龍雲罐　明

原爲運城市（舊安邑縣）文廟欞星門牌枋上的構件。廟毀，雲罐被收藏。罐由兩段合成，上爲荷葉蓋頂，下雕二龍戲珠。高0.59米，蓋徑0.57米，腹徑0.47米，底徑0.4米。

三四一　花轎及轎夫俑　明

出土於長治東郊老頂山山門村明墓。轎爲方形，前開門，三面雕花卉，上蓋圓寶箍頭頂。轎夫俑四名，穿長袍。轎高0.26米，寬0.14米；俑高0.27−0.29米。存長治市博物館。

三四二　三彩樂俑　明

出土及存放地點同三四一。樂俑兩名，一吹嗩吶，一拍鐃鑔。左俑高0.27米，右俑高0.29米。

三四三　三彩舞俑　明

出土及存放地點同三四一。舞俑一對。左俑螺旋式帽，尖頂，鬢角露髮，眉清目秀，似爲女性；右俑官式帽，平頂，當爲男性。俑高0.32米。

三四四　廣勝上寺飛虹塔圍廊及龜須座　明

寺址見一〇二。明天啓二年（公元1622年）增築圍廊，廊廡每面三間，八面計二十四間，瓦頂琉璃面積約450平方米。廊廡南隅龜須座三間，二層，重檐十字歇山頂。總高11米，底層寬6米，二層寬4米。

三四五　飛虹塔龜須座殿頂脊飾　明

位於座二層頂檐之上。脊身十字搭交，脊刹塑有仙人及寶瓶。刹高0.7米，脊長3米，歇山高2.4米，吻高0.8米，吻寬0.5米。

三四六　飛虹塔圍廊鴟吻細部　明

位於圍廊東面頂部左轉角處。吻側塑爬行小獅一隻。吻高0.8米，寬0.5米；獅高0.23米，長0.3米。

三四七　飛虹塔圍廊脊部花卉　明

位於圍廊東西博脊上。花高0.34米，寬0.36米。

三四八　飛虹塔圍廊脊部花卉　明

同三四七。

三四九　府君廟前殿鴟吻　明

廟在沁水縣東南郭壁村。殿居前後兩院之前，三開間，懸山式。吻在殿頂正脊西端。高1.26米，寬0.8米。

三五〇　小西天大雄寶殿鴟吻　明

小西天原名千佛庵，位於隰縣城西北鳳凰山巔。

殿居上院西隅，寬五間，深六椽，懸山式頂。吻在殿頂正脊南端。高1.58米，寬1.28米。

三五一　大雄寶殿脊部花卉及飛馬武士　明

位於殿頂正脊南隅。花高0.45米，寬0.48米。

三五二　雲岡五窟窟檐鴟吻　清

窟在大同市西郊武州山雲岡石窟群中部。窟檐爲清初重葺時依窟構築，三開間，高三層，歇山式屋頂。鴟吻位於檐頂正脊東端。吻高1.95米，寬1.4米。

三五三　雲岡五窟窟檐行龍　清

位於檐頂正脊前西側。高0.4米，長1.28米。

三五四　雲岡六窟窟檐鴟吻　清

窟在雲岡石窟群中部五窟西側。鴟吻分居窟檐極頂正脊兩端。高1.77米，寬1.15米。

三五五　般若寺大雄寶殿栱眼壁　清

寺在汾陽縣東南龍關村。殿位於寺內北部，寬五間，深六椽，單檐懸山式。檐下斗栱之間鑲有琉璃栱眼壁。壁高0.44米，下長1.2米，上長0.52米。

三五六　般若寺大雄寶殿栱眼壁　清

同三五五。

三五七　大雲寺塔　清

寺在臨汾城內西南。塔居寺內中心處。磚砌，平面方形，六級。二層以上各層四壁鑲有各種琉璃造像，塔檐溝滴也用琉璃裝飾。塔高35米，底層高8米，寬、厚皆12米。北面三層中心上部突出門楣花罩，下雕券洞式龕，內塑佛像，左右兩方塑二十四諸天中六天。龕高1.5米，寬0.9米；兩方皆高1.3米，寬1.6米。

三五八　大雲寺塔細部　清

同三五七。

三五九　大雲寺塔細部　清

同三五七。

三六〇　東嶽廟行宮大殿脊部飛馬武士　清

廟在蒲縣東南柏山上。行宮大殿位於廟內正中，寬、深各五間，重檐歇山式。飛馬武士位於正脊，南、北各一軀。飛馬武士高0.38−0.39米，寬0.40−0.41米。

三六一　行宮大殿脊部飛馬武士　清

同三六〇。

三六二　行宮大殿脊部海馬　清

海馬居殿頂西南垂脊腰間。高0.26米，側面寬0.18米。

三六三　五臺山菩薩頂琉璃　清

菩薩頂在五臺山臺懷鎮顯通寺北側靈鷲峰上，有

"靈峰勝境"坊、山門、天王殿、鐘鼓樓、菩薩殿和大雄寶殿等。各殿琉璃皆按宮廷形制燒造，其他還有茶房、禪堂、僧舍等建築。

三六四　菩薩頂大雄寶殿鴟吻　清

殿在寺內中軸綫後部，寬五間，深三間，四阿式頂。鴟吻位於殿頂正脊右端。高1.7米，寬1.53米。

三六五　菩薩頂影壁團龍　清

位於寺內西側旁門外西影壁上，壺門式，內置二龍戲珠。龍高1米，寬1.4米

三六六　靈貺王廟正殿脊部行龍　清

廟在長子縣城東南紫雲山巔。正殿寬三間，深六椽。行龍居於殿頂正脊西部。龍高0.44米，長1.28米。

三六七　正殿脊飾騎馬仙人　清

位於正殿脊上東側。仙人文官裝束。通高0.38米，長0.39米。

三六八　正殿脊飾仙人　清

位於殿頂脊剎西側。禿頭赤腳。高0.37米，寬0.18米。

三六九　正殿脊飾花卉　清

位於殿頂西鴟吻前部。纏枝牡丹盤旋一週。高0.43米，寬0.54米。

三七〇　永安寺傳法正宗殿脊剎　清

寺在渾源縣城內東北隅。殿居寺內後部，面寬五間，深四間八椽，單檐四阿式頂。剎在殿頂正脊中央，二吞口之間門樓一座，上塑獅象馱覆鉢、寶蓋、寶瓶。門樓內刻"天地三界十方萬靈真宰"。剎高3米，寬2.5米。

三七一　傳法正宗殿脊飾鳳凰　清

位於殿頂正脊背面西部。高0.7米，寬1米。

三七二　傳法正宗殿脊飾行龍　清

位於殿頂正脊前面西部。高0.7米，寬1米。

三七三　傳法正宗殿鴟吻　清

位於殿頂正脊東西兩端。高2.7米，寬1.7米。

三七四　傳法正宗殿鴟吻　清

同三七三。

三七五　傳法正宗殿脊飾仙人　清

位於殿頂正脊西側。仙人長袍及地。前者手握捲紙轤，鬚髮皆白，爲道教"八仙"之一張果老，高0.64米，寬0.22米。後者頭戴平頂軟帽，背負寶劍，爲道教"八仙"之一呂洞賓，高0.67米，寬0.22米。

三七六　傳法正宗殿脊飾仙人　清

同三七五。

三七七　崇安寺鼓樓鴟吻　清

寺在陵川城內西北臥龍崗上。鐘鼓樓位於山門兩側。鴟吻居鼓樓正脊西端。高1.2米，寬0.7米。

三七八　鼓樓題記　清

位於樓頂脊剎背面立牌內。上書"乾隆叁拾叁年立"。牌高0.41米，寬0.12米。剎殘毀，立牌現存崇安寺正殿內。

三七九　崇安寺鐘樓垂獸　清

位於樓頂西南垂脊下端。獸爲虎形，武士騎於其上。通高0.53米，長0.56米。

三八〇　大佛山天寧寺塔　清

寺在太谷縣東南惠安村東側山巔，山因有8米大佛而得名。寺後山丘上建琉璃塔一座。塔平面八邊形，十級。高21米。

三八一　博濟寺琉璃塔　清

寺在汾西縣西北瓦家溝村。塔居山門前東側，平面六邊形，五級。高7.5米。

三八二　智村琉璃塔　清

塔在榆次市城北智村西隅，本名志公塔。平面八角形，樓閣式，塔基座兩層。一、二級檐下塑斗栱垂柱，二層以上爲疊澀出檐。各層龕內雕有佛像。原高九層，現存七層。高7.05米。

三八三　關帝廟戲臺鴟吻　清

廟在翼城縣東南曹公村四聖宮東側。戲臺位於廟內南隅，三開間懸山頂。吻居正脊西端。高0.85米，寬0.66米。

三八四　關帝廟正殿鴟吻　清

殿在廟內北部。寬三間，深四椽，懸山式頂。吻居正脊西端。高0.85米，寬0.73米。

三八五　關帝廟山門脊剎　清

山門位於廟前右側。西向，寬三問，懸山式。脊剎居屋頂正脊中央。吞口內置栱橋及水波紋，橋上樓閣兩層，中置平座。剎側雙獅馱瓶。通高1.35米，寬1.6米。

三八六　山門脊飾　清

位於山門頂部南隅。脊側雕花卉童子，上雕五眼栱橋。橋上武士殘損，兩側勾欄圍護，中懸"當陽橋"區。勾欄檐下刻有紀年和匠師題記。脊高0.5米；童子高0.3米，寬0.28米；橋高0.35米，寬0.48米。

三八七　清夢觀三清殿脊飾鳳凰　清

觀在高平縣東北鐵爐村。殿位於觀內中部，廣、深各三間，單檐歇山頂。脊飾位於殿頂正脊東部。高

0.45米，長0.84米。

三八八　三清殿脊飾仙人　清

位於殿頂正脊中部，爲武士騎虎。通高0.46米，寬0.48米。

三八九　三清殿脊飾仙人　清

位於殿頂正脊東端。通高0.46米，寬0.5米。

三九〇　后土廟琉璃脊飾　清

廟在介休城內西北隅。廟內各殿頂吻獸及影壁琉璃多爲清道光十五年（公元1835年）所製。

三九一　后土廟山門前影壁正面雕飾　清

壁在廟山門前。磚砌，琉璃鑲嵌壁心及瓦頂。正、背面壁心右上角均有紀年題記。壁高6.8米，寬5.6米；壁心高3.2米，寬3.1米。

三九二　后土廟樂樓東側影壁雕飾　清

位於后土廟樂樓東側影壁正面。琉璃壁面方形，四角雕卷草紋，內塑圓壇。壇內雕山石、流雲、海潮和麒麟。壁心高、寬均1.48米；麟高0.85米，長1.1米。

三九三　后土廟三清樓鴟吻　清

樓在廟內中心。二層三檐，十字歇山頂。吻居正脊北端。高2.3米，寬1.4米。

三九四　三清樓山花琉璃　清

位於樓頂東側面。吞口、垂脊和排山溝滴皆雕獸面。懸魚上塑寶珠一枚，博風雕兩條行龍戲珠。歇山高1.6米，下寬1.5米。

三九五　后土廟樂樓脊刹　清

樓在廟內三清樓以北，刹居樓頂正脊中央。吞口間置樓閣一座，三層。二層下施平座勾欄，極頂塑寶珠、寶瓶，兩側獅馱寶珠、傘蓋。刹高2.7米，吞口寬2.1米。

三九六　后土廟鐘樓頂飾　清

鐘樓在廟內三清樓東側。磚築臺墩。十字歇山頂，均用琉璃裝飾。脊刹如塔，三層樓閣，極頂飾以寶珠。正脊高0.5米，長2.8米；刹高2.5米；吻高0.95米。

三九七　文廟大成殿脊刹　清

廟在臨猗縣西向臨晉鎮，僅殿獨存。寬五間，深三間，單檐歇山式。刹居殿頂脊中部，吞口間塑栱橋一座，其上勾欄內有樓閣三層，第三層平面六角形，攢尖頂塑寶瓶式樓刹。吞口上雕束腰基座，上置獅象馱相輪、傘蓋和寶瓶。中刹高2.4米，邊刹高1.47米，吞口寬2.12米。

三九八　大成殿鴟吻　清

位於殿頂正脊西端。高1.72米，寬1.27米。

三九九　天王殿刹座細部　清

寺在陵川縣西南禮義鎮。天王殿三間，歇山式。細部位於殿頂刹座正面二吞口間，雲朵之上布袋和尚挺立。像高0.69米，寬0.34米。

四〇〇　北吉祥寺天王殿鴟吻　清

吻居殿頂正脊東端，捲尾劍把式。高1.7米，寬0.93米。

四〇一　后土廟聖母殿脊刹　清

廟在萬榮縣西向廟前鎮，面對黃河。聖母殿位於廟內東部，五間，懸山式。刹居正脊中心。門樓三間，樓閣四層，頂爲六角攢尖頂，左右獅象馱瓶。刹高1.85米，寬1.63米。

四〇二　聖母殿鴟吻　清

位於殿頂正脊北端。高1.7米，寬1.2米。

四〇三　聖母殿脊飾鳳凰　清

位於殿頂正脊背面北部。高0.38米，寬0.42米。

四〇四　聖母殿脊部化生童子及飛馬武士　清

位於殿頂正脊南側。童子坐式，雙髻。武士騎馬飛馳。童子及飛馬武士通高0.86米，寬0.55米。

四〇五　文廟前影壁琉璃方心　清

廟在太原市狄梁公巷東側，壁居廟前影壁上。方心四角塑卷草紋，內置圓壇雕二龍戲珠。方心高、寬皆3.02米。

四〇六　真武廟琉璃牌坊　清

廟在介休縣東北北辛武村，牌坊位於廟前。坊面寬三間，明間凸起，皆爲歇山頂。除坊基外，均爲琉璃鑲嵌而成。坊高9.1米，寬12.05米。

四〇七　文廟欞星門　清

門三間，夾壁四堵，壁身、瓦頂皆琉璃鑲嵌。各壁中心塑團龍一方，通柱上雲罐蓋頂。全長26米。

四〇八　關帝廟全景　清

廟在解州鎮西關，歷代勅封，爲我國武廟之冠。殿宇內各種建築五百餘間，全用琉璃構築。

四〇九　關帝廟崇寧殿鴟吻　清

殿在廟內中部，面寬七間，深六間，重檐歇山頂。鴟吻位居殿頂正脊西端。高2.3米，寬1.5米。

四一〇　關帝廟鼓樓脊刹　清

鼓樓位於廟區前部西側。刹居樓頂正脊中央，中置二層樓閣，左右獅馱寶瓶，刹座中塑坐龍一條。刹高1.7米，寬1.35米。

四一一　崇寧殿脊飾人物　清

位於殿頂正脊東側。長袍及地，軟褶帽，懷抱寶劍，爲道教"八仙"中的呂洞賓。像高0.41米，寬0.14米。

四一二　崇寧殿脊飾人物　清

位於殿頂正脊西側。頭上雙髻，長衫羅裙，懷抱花籃，爲道教"八仙"中的韓湘子。像高0.42米，寬0.17米。

四一三　關帝廟后宮全景　清

后宮在廟內北部，以氣肅千秋牌坊、春秋樓和刀樓、印樓爲主體，花壇處是原娘娘殿遺址。

四一四　關帝廟氣肅千秋坊鳳吻　清

位於后宮牌坊正脊東端。吻高1米，寬0.56米。

四一五　關帝廟春秋樓垂獸　清

樓在后宮北部。面寬七間，深六椽，二層三檐，歇山頂。垂獸位於樓頂後坡東垂脊下端，麒麟形。樓高約30米；麒麟高1.05米，長1.15米。

四一六　春秋樓蹲獅　清

位於樓上二層檐東南岔脊腰間。高0.38米，寬0.28米。

四一七　春秋樓鴟吻　清

位於樓頂正脊東端。高2.25米，寬1.75米。

四一八　關帝廟雉門脊刹　清

門在廟內前後宮殿之間。寬三間，深六椽，單檐歇山頂。刹居正脊中央，吞口間塑三孔券洞栱橋，橋上雕二層樓閣，左右獅象馱瓶。刹高2.3米，寬1.8米；橋寬0.8米。

四一九　雉門脊飾花卉　清

位於雉門正脊前面東西兩側。花高0.45—0.52米，寬0.45—0.51米。

四二〇　雉門脊飾花卉　清

同四一九。

四二一　雉門脊飾花卉　清

同四一九。

四二二　雉門脊飾花卉　清

同四一九。

四二三　關帝廟午門東側八字影壁　清

兩座影壁位於廟內午門東西兩側。基座、壁心和

檐部均用琉璃鑲嵌。東側壁心以梅花鹿爲主，西側壁心以白鶴爲主。壁高4米，寬2.15米；壁心高2米，寬1.45米。

四二四　關帝廟午門西側八字影壁　清

同四二三。

四二五　關帝廟戲臺戧獸　清

戲臺位於雉門北側。基座、梁架均與雉門連接構成。臺身三間，單檐捲棚歇山頂。戧獸位於臺頂東北角戧脊外端，獸爲麒麟形。高0.65米，長0.86米。

四二六　關帝廟前殿鴟吻　清

廟在運城市內東大街南側。前殿鴟吻位於殿頂正脊南端。吻高1.7米，寬1.25米。

四二七　前殿脊飾花卉　清

位於殿頂正脊背面西側。形如牡丹，瓣如菊花。高0.36米，寬0.37米。

四二八　關帝廟武緯門垂獸　清

門在廟內雉門北側。寬五間，深六椽，四阿式頂。垂獸位於門頂垂脊下隅。

四二九　四美園琉璃塔　清

園在太原市南部，獨存孤塔，1954年遷至人民公園叠石山上保存。平面八角形，十三級，樓閣式。總高9.5米。

四三〇　雙龍插瓶　清

頸項微短，雙耳環，下部肥大，腹部瀝粉雕山石、海水和盤龍。通高0.73米，底徑0.29米，腹徑0.26米。存汾陽縣文化館。

四三一　關帝廟奠池　清

廟在太原市晉府廟前街。池爲長方形，下塑龜腳基座。池身刻"晉府關帝廟"五字，上沿雕蓮花牡丹，留有九個縫隙供投錢佈施之用。高0.3米，寬0.41米。存山西省博物館。

四三二　福禄四足香爐　清

小耳，項部剔地刻"福"、"禄"二字，裙板雕蝙蝠。通高0.7米，寬0.45米。

SUMMARY

The art of glazed-works is one of the greatest achievements in pottery and porcelain technology in China. Its invention, development and prosperity covered a long historical period of more than 3,000 years.

Glazed-work is a kind of artawaye made with a chemical compound of lead and niter as its flux. Its formation requires a kiln temperature of 800-900℃. Comparing with the high temperature in firing porcelain, obviously it belongs to the low temperature category. So it is also called lead glazes of low temperature. Its biscuit is moulded mainly with clay or kaolin, then glazed with coloring agents over its surface. Its coloring agents consist of powdered oxysalts of several metals, such as copper, iron, cobalt, manganese, tin and lead oxy salts of copper produce green glaze, ferric oxide produces yellow glaze, and the oxide of cobalt produces blue glaze. With these primary colors, artisans have compounded successfully other colors such as drab, brown, peacock green, kingfisher blue, purple, black, etc.

Archaeological studies revealed that, lead glazed-works of low temperature first appeared in Shang(11-16 Centuries B.C, and getting more popular by the time of the Spring and Autumn Period(770-476, B. C) and the Warring States Period(475-221,B.C.). According to historical records, glazed-works and alchemy had the same origin in ancient times, and the latter had given great impetus to the development of glazed-works. During the Western Han and the Eastern Han Dynasties (206 B.C.220 A.D.), lead glazed domestic utensils could be found all over the country. It was not until the Northern Wei Dynasty(1386-534 A.D.), glazed ornamental were first used to decorate the palaces in Ping-Cheng(now Da-tong), the capital city. Beginning from the Tang Dynasty(618-907 A. D.), the use of ornamental components on architectures gradually increased. In Tang and Liao(907-1125 A.D.)Dynasties, tricojored glazed potteries became exceptionally popular. These and the cloisonne enamel wares of the Yuan Dynasty (1279-1368 A.D.) all belong to the same category. The art of glazed-work reached its peak the Ming Dynasty(1368-1644 A.D.).

Shanxi Province is famous for her multitudinous ancient architectures and cultural relics. Many precious ancient glazed-works were found in recent years through the survey and protection campaign of ancient architectures. In Shanxi, one can find superb collections of glazed—works practically everywhere, with colors as bright and dazzling as before after hundreds of years. Shanxi is not only the" Treasury of Ancient Chinese Architectures", but also the 'Homeland of Ancient Glazed-Works"indeed.

During the long feudal society, the makers of the glazed works were denounced as; "artisan"or"craftsman"、theiractivities and achievements were never could be written in the historical records. This is unfair. Now I choose some glazed works which are representative, according to their time compose this article to recount. Some colour pictures are attached for your appreciation.

後　　記

　　山西琉璃藝術，歷史悠久，遺存浩繁。自北魏琉璃使用於建築上以後，琉璃業逐漸興盛起來，明代達到鼎盛時期，匠師世代相傳，作品豐富多彩。其中許多作品造型殊異，制作精美，色澤絢麗。在漫長的歷史時期，由於衆多原因，琉璃藝術和琉璃匠師不被人們重視，也極少載入史册，致使許多精美作品和匠師姓名，隨着時間的流逝而湮没。

　　對於山西琉璃的調查研究工作，早在50年代就開始了。1954年，陳萬里先生曾調查過山西太原、長治、晋城、陽城、永濟、平遥等部份地區的琉璃，以《談山西琉璃》爲題，撰文刊載於《文物參考資料》1956年第7期。1961年，高壽田先生又曾調查過山西部份地區的琉璃作品，撰文《山西琉璃》刊登於《文物》1962年第4、5期合刊。由於琉璃作品多依附於古代建築物上，不但分散各地，而且調查大多需要攀登建築頂部纔可尋到題記。另外，測量尺寸，拍攝照片，也不是短時期内能夠完成的。二十餘年來，筆者在勘察、保護古建築的同時，做了大量的調查工作，搜集到許多珍貴的琉璃藝術品和匠師題記。現彙集成册，在有關單位和同仁的支持協助下得以出版，實爲幸事。

　　在勘察和成書過程中，省、地(市)、縣的領導和文博單位都給予積極支持和幫助。洪洞廣勝寺文管所、解州關帝廟文管所、五臺佛光寺文管所、平遥縣文管所、山西省博物館、大同市博物館、長治市博物館、臨汾市博物館、晋祠文管所等單位支持尤力。張丑良先生協助勘察并搜集了部份資料，高禮雙、李瑞芝、陳晋平等先生幫助拍攝了部份照片，吳克華、張殿卿等先生提供了法興寺、永祚寺和榆次城隍廟琉璃制作年款和匠師題記。

　　由於水平所限和缺乏參考數據，本書難免有不當之處，殷切希望專家和讀者批評指正。

著　者

1988年11月於北京